十三五 高等职业教育"十三五"规划教材

● 电子商务专业系列

电子商务实验指导

主　编◎夏丽萍　曾　祁

副主编◎童锡俊　葛宝利

参　编◎韩广琳　沈伊海

　　　　王汉章　李　佳

DIANZI SHANGWU

SHIYAN ZHIDAO

北京师范大学出版集团
BEIJING NORMAL UNIVERSITY PUBLISHING GROUP
北京师范大学出版社

图书在版编目（CIP）数据

电子商务实验指导 / 夏丽萍，曾祁主编. —— 2 版. —— 北京：北京师范大学出版社，2018.7

高等职业教育"十三五"规划教材. 电子商务专业系列

ISBN 978-7-303-23877-4

Ⅰ．①电… Ⅱ．①夏… ②曾… Ⅲ．①电子商务－实验－高等职业教育－教材 Ⅳ．①F713.36

中国版本图书馆 CIP 数据核字(2018)第 136606 号

营 销 中 心 电 话　　010-62978190　62979006
北师大出版社科技与经管分社　www.jswsbook.com
电 子 信 箱　　jswsbook@163.com

出版发行：北京师范大学出版社 www.bnup.com
　　　　　北京市海淀区新街口外大街 19 号
　　　　　邮政编码：100875

印　　刷：三河市东兴印刷有限公司
经　　销：全国新华书店
开　　本：787 mm×1092 mm　1/16
印　　张：11.5
字　　数：232 千字
版　　次：2018 年 7 月第 2 版
印　　次：2018 年 7 月第 2 次印刷
定　　价：33.80 元

策划编辑：周光明　张自然　　责任编辑：周光明　张自然
美术编辑：刘　超　　　　　　装帧设计：张　虹
责任校对：李　菌　　　　　　责任印制：马鸿麟　赵非非

前　　言

电子商务专业是一个综合性的专业，它融商务和电子为一体。既需要授课老师在教学中对电子商务实战成功案例进行分析，同时应该能够提供给学生一个模拟电子商务交易的环境，才可以更快更好地让学生了解和掌握电子商务应用技术。电子商务的培养目标以操作实践型人才为主，在教学过程中注重把理论融入实训。

"电子商务实验"课程是学生掌握电子商务理论、学习电子商务方法与技能的重要渠道，针对电子商务实践环节的要求，通过模拟实验来引导学生感知电子商务专业的知识体系，认识电子商务的活动规律，体会电子商务的商业化应用，促使学生运用电子商务知识来完成电子商务活动，更能让学生发现电子商务经营模式、系统设计、技术选择、市场推广等方面存在的问题、潜力和商机。

为了配合电子商务专业各课程的学习、实训和实践教学，巩固学生的理论学习成果和增强他们的操作技能，帮助他们在较短的时间里既能学到一定的理论知识，又能掌握实用的操作技能和技术，我们设计了这套电子商务的模拟实训体系。本书所提供的是一整套电子商务的实训方案，每章的内容都经过了精心选择，力求将最新的内容加入。希望这些对学生的学习能有所帮助。

本书主要供高职高专电子商务专业学生实训使用，因此在编写内容和形式上体现了高职高专教育的培养目标，即"培养适合生产、建设、管理、服务第一线需要的高等技术应用型专门人才"。为了改善一些学校已经购买了电子商务教学模拟软件却缺少相应的实验实训教材的现状，在本书第2篇对目前学校经常使用的北京德意通电子商务模拟软件进行了重新梳理，形成了一套比较系统完整的实验教程。

本书由夏丽萍、曾祁任主编，童锡骏、葛宝利任副主编。参加撰写的作者有：第1篇借助互联网进行的电子商务实验；第1章由韩广琳编写，第2章由童锡骏编写，第3章由沈伊海编写，第4章由葛宝利编写，第5章由王汉章编写，第6章由李佳编写，第2篇针对《德意电子商务实验》软件进行的模拟实验由夏丽萍、曾祁编写。

本书在编著过程中，借鉴了许多出版的图书、杂志和网站资料，由于编写的限制，没有在文中逐一注明，仅在参考文献中列出。在此谨向各位学者表示由衷的感谢和敬意！

由于编者水平及资料的限制，书中有许多不足之处，恳请广大读者指正。

主　编

目　录

第 1 篇　借助互联网进行的电子商务实验

第 1 章　商务信息的检索与利用

▶ 实验 1.1　利用搜索引擎搜集商务信息

一、实验目的

1. 掌握常用搜索引擎的使用方法；

2. 了解利用网络进行资料检索的基本思路；

3. 了解常用搜索引擎的特点。

二、实验内容

1. 利用百度搜索有关介绍国内外电子商务发展过程及现状的资料；

2. 利用谷歌搜索有关介绍网络检索技巧的文章。

三、实验指导

1. 百度的使用

(1)百度的简单使用。

输入百度的网址"http://www.baidu.com"，显示百度主页面，如图 1-1 所示。

图 1-1　百度主页面

　　百度搜索简单方便，用户只需要在搜索框内输入需要查询的内容，如"电子商务"敲回车键，或者鼠标点击搜索框右侧的"百度一下"搜索按钮，就可以得到符合查询需求的网页内容。

　　百度还可以输入多个词语进行搜索，在不同字词之间用一个空格隔开，可以获得更精确的搜索结果。

例如，想了解电子商务发展现状的相关信息，在搜索框中输入"电子商务　现状"获得的搜索结果会比输入"现状"得到的结果更准确。多个词语搜索还可以先输入一个词，进行搜索，再输入第二个词，单击"结果中找"按钮，也会得到满意的结果。

（2）百度的高级搜索语法。

把搜索范围限定在网页标题中——intitle。网页标题通常是对网页内容提纲挈领式的归纳。把查询内容范围限定在网页标题中，有时能获得良好的效果。使用的方式是把查询内容中，特别关键的部分，用"intitle："领起来。例如，找电子商务交易方式，就可以这样查询："交易方式 intitle：电子商务"。注意，intitle：和后面的关键词之间，不要有空格。

把搜索范围限定在特定站点中——site。有时候，您如果知道某个站点中有自己需要找的东西，就可以把搜索范围限定在这个站点中，提高查询效率。使用的方式是在查询内容的后面，加上"site：站点域名"。例如，天空网站下载软件不错，要搜索视频播放软件，就可以这样查询："视频播放 site：skycn.com"。注意，"site："后面跟的站点域名，不要带"http://"；另外，site：和站点名之间不要带空格。

把搜索范围限定在 url 链接中——inurl。网页 url 中的某些信息常常有某种有价值的含义。于是，您如果对搜索结果的 url 做某种限定，就可以获得良好的效果。实现的方式是用"inurl："，后跟需要在 url 中出现的关键词。例如，找关于检索的使用技巧，可以这样查询："检索 inurl：jiqiao"。这个查询串中的"检索"，是可以出现在网页的任何位置，而"jiqiao"则必须出现在网页 url 中。注意，inurl：语法和后面所跟的关键词不要有空格。

精确匹配——双引号和书名号。如果输入的查询词很长，百度在经过分析后，给出的搜索结果可能是拆分的。如果您对这种情况不满意，可以尝试让百度不拆分查询词，给查询词加上双引号，就可以达到这种效果。例如，搜索天津师范大学，如果不加双引号，搜索结果可能被拆分，效果不是很好，但加上双引号后，"天津师范大学"，获得的结果就会更加符合要求了。书名号是百度独有的一个特殊查询语法。在其他搜索引擎中书名号会被忽略，而在百度，中文书名号是可被查询的。加上书名号的查询词，有两层特殊功能，一是书名号会出现在搜索结果中；二是被书名号括起来的内容不会被拆分。书名号在某些情况下特别有效。查名字很通俗和常见的那些电影或者小说，比如，查电影"手机"，如果不加书名号，很多情况下出来的是通信工具——手机，而加上书名号后，《手机》结果就都是关于电影方面的了。

要求搜索结果中不含特定查询词。如果您发现搜索结果中，有某一类网页是您不希望看见的，而且，这些网页都包含特定的关键词，那么用减号语法，就可以去除所有这些含有特定关键词的网页。

例如，要检索"武则天"，希望是关于武则天方面的文字资料，却发现很多关于电视剧方面的网页。那么就可以这样查询："武则天-电视剧"，搜索结果见图1-2。注意，前一个关键词，和减号之间必须有空格，否则，减号会被当成连字符处理，而失去减号语法功能。减号和后一个关键词之间有无空格均可。

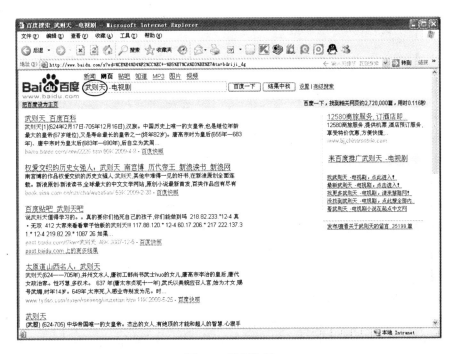

图 1-2　搜索结果

(3)百度的高级搜索和个性设置。

如果对百度各种查询语法不熟悉，使用百度集成的个性化设置和高级搜索界面，可以方便的做各种搜索查询。

单击百度主页面的"设置"链接，打开"个性设置页面"，见图 1-3 百度个性设置页面。根据个人的习惯，在搜索框右侧的设置中，改变百度默认的搜索设定，如搜索框提示的设置，每页搜索结果数量等。单击"保存设置"完成个性化设置。

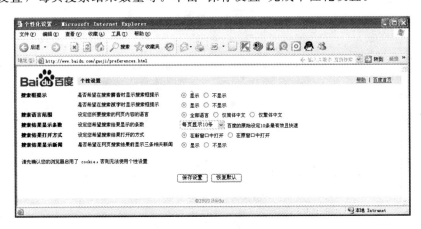

图 1-3　百度个性设置页面

单击百度主页面的"高级"链接，打开"高级搜索页面"，见图 1-4 百度高级搜索页面。输入必要的关键词，根据个人需要，选择在搜索框右侧的设置，单击"百度一下"完成高级搜索。

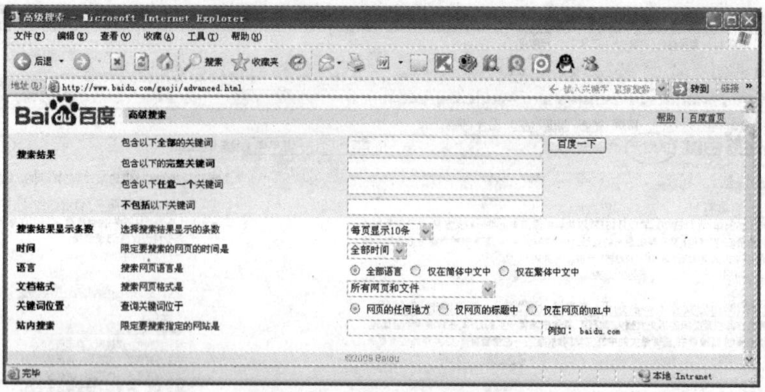

图 1-4　百度高级搜索页面

2. 谷歌的使用

(1)谷歌的简单使用。

输入谷歌的网址"http://www.google.cn",显示谷歌主页面,见图 1-5 谷歌主页面。谷歌的简单使用与其他搜索引擎一样,用户只需要在搜索框内输入需要查询的内容,敲回车键,或者用鼠标点击搜索框下面的"Google 搜索"按钮,就可以完成指定关键词内容的搜索。如果单击"手气不错"按钮会直接打开与搜索关键字相关的网页。

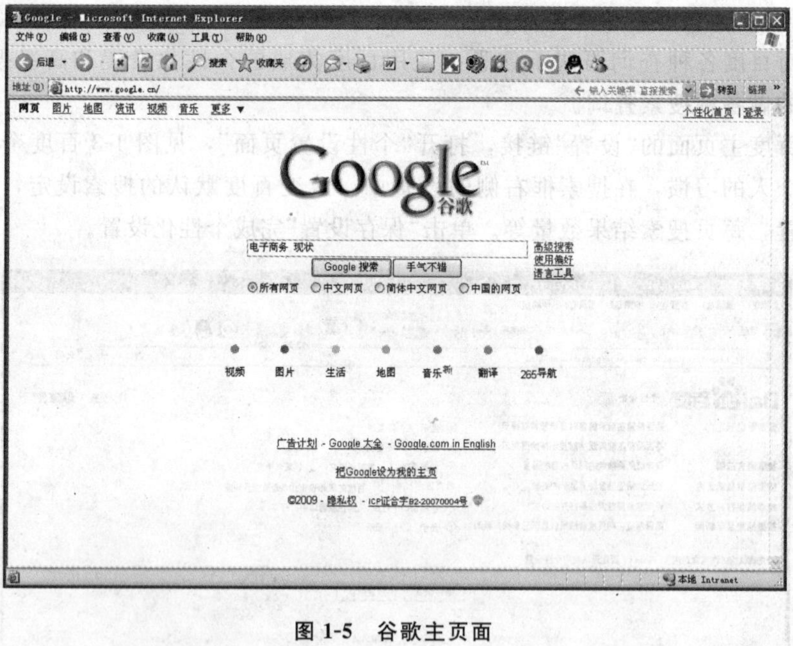

图 1-5　谷歌主页面

(2)谷歌的高级搜索和使用偏好设置。

单击谷歌主页面的"高级搜索"链接,打开"高级搜索页面",见图 1-6 谷歌高级搜索页面。根据页面提示输入要搜索的关键信息,并设置语言、区域等内容,单击"Google 搜索"按钮进行信息高级搜索。

单击谷歌主页面的"使用偏好"链接,打开"使用偏好设置页面",见图 1-7 谷歌使用

图 1-6　谷歌高级搜索页面

偏好设置页面。根据页面提示用户可以设置语言、结果数量等内容，单击网页下方的
"保存使用偏好"按钮完成使用偏好设置，再次使用谷歌搜索时就会按照用户的设置实
现搜索了。

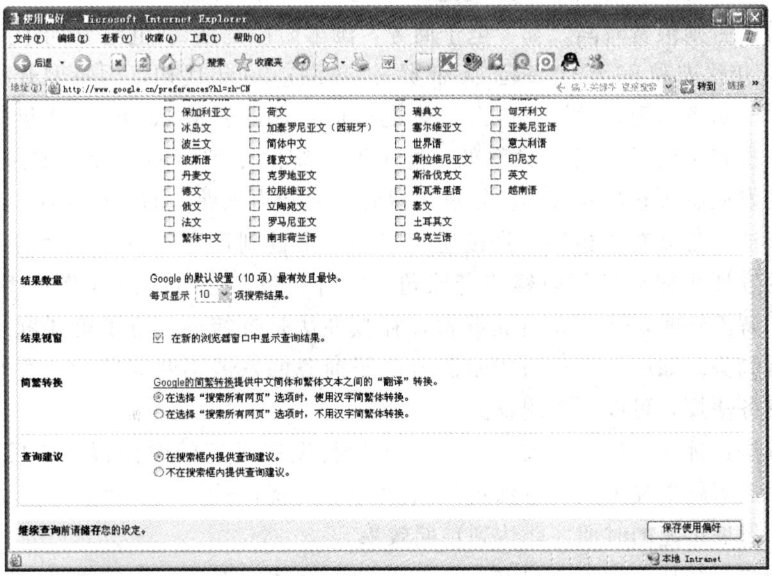

图 1-7　谷歌使用偏好设置页面

值得一提的是谷歌还提供了分类搜索功能，可以分别对视频、图片、生活、地图、
财经等内容进行分类搜索。以财经搜索为例，可以进行商业信息、财经新闻、实时股
价和动态图表等信息的搜索。在主页面单击"财经"链接，或由主页面中"更多"下拉表

列进入"财经"搜索页面，输入需要搜索的关键字，单击"搜索"按钮可以进行财经信息的搜索。

四、思考题

1. 百度和谷歌两个搜索引擎各有什么特点？
2. 在搜索引擎中怎样减除无关资料？

▶ 实验 1.2　信息收集与整理

一、实验目的

1. 掌握利用网络进行资料检索的主要方法；
2. 掌握常用的资料整理方法。

二、实验内容

1. 信息收集；
2. 信息整理。

三、实验指导

网络商务信息收集是指在网络上对商务信息的寻找和调取工作。这是一种有目的、有步骤地从各个网络站点查找和获取信息的行为。

1. 信息搜索技巧

(1)文献检索的基本方法。

①顺查法：是按时间顺序由远到近逐年查找文献的方法，但要注意所查课题的研究开始年份，否则浪费时间。如：电子商务，酝酿阶段是在 20 世纪 70 年代，EDI 技术的开发；70 年代末和 80 年代兴起"无纸贸易"热潮；90 年代初，因特网开始被用于商业贸易，电子商务出现并发展。因此检索电子商务课题要从 20 世纪 90 年代往后逐年查找。这种检查法的优点是漏检率低，能全面系统的了解所检索课题的过去和现状，从而看它的发展趋势和演变过程。缺点是费时，要知道该课题的开始年代。

②倒查法：与顺查法相反，是按逆时间顺序由近到远逐年查找文献的方法，符合新兴学科的发展规律或有新内容的老课题，省时高效，短时间内可获一些最新资料。但对课题了解不够时，就容易造成漏检，补救办法是查综述，可了解课题从何时开始及它的发展趋势。如电子商务法规是随着电子商务的发展不断完善的，我们要查找最新的电子商务法规，可以采用倒查法。

③抽查法：针对学科专业发展特点，从学科发展迅速的时间段，前后逐年检索，直至基本掌握课题情况为止，本法能用较少的时间获得较多的文献，但必须知道学科发展特点和发展迅速的时期才能达到预期效果。

④追溯法：是从文献中所附的参考文献追溯查找的方法，它的优点是在没有检索工具的情况下，根据原始文献所附的参考文献检索相关文献，较切题，文章漏检率高。缺点是片面性且知识较为陈旧。

⑤分段法：是常用法和追溯法交替使用的方法，又称循环法或交替法，既利用检索工具，也利用文献后所附参考文献进行追溯，两种方法交替，分期分段使用，对获得一定年限内文献的资料线索节省检索时间。

⑥浏览法：因检索工具刊物反映文献有时差问题，可利用新到期刊目录进行浏览，但只能获得有限的文献，有局限性，不全面，不系统，不能作为查阅文献的主要方法。

（2）信息检索的基本技巧。

①有针对性地选择搜索引擎：用不同的搜索引擎进行查询得到的结果常常有很大的差异，这是因为它们的设计目的和发展走向存在着许多的不同。不同的搜索引擎有各自的专用特性，应用这些专用特性可以使查询事半功倍。这就需要我们去了解不同搜索引擎各自的特色。

②逐步细化：按照搜索引擎的分类一层一层地点击下去，这对一些关键字不太确定的资料查询十分有效。Google、Yahoo 等搜索引擎，把网上的各种资料归类整理，分得很细，有休闲、运动、娱乐、健康、医药、艺术、人文、财经、人文等很多类别，而且有每一大类的链接进入后分成很多小类，一层一层地进入链接，分类也就越来越细，离你的目标也就越来越近。由于都是链接形式，所以使用起来既方便又简单。

③限制查询范围：范围限制的能力越强，则越能准确地找到需要的信息。搜索引擎提供的范围限制类型大体有分类范围、地域范围、时间范围、网站类型范围以及其他特殊范围。一些搜索引擎，提供了许多特殊范围的限定，如域名后缀（com、gov、org 等）、文件类型（文本、图形、声音等）。这些范围限制、实现的方法各不相同。有些是通过在关键词前加特殊的字符，有些是通过下拉式菜单。比如：在 Yahoo 中文网站中，你要查找的是与电脑相关的知识，那么你没有必要让搜索引擎在休闲与运动、健康与医药、艺术与人文等其他分类中查找。你可以进入"电脑与因特网"这一类，选中"检索此目录下的网站"。

④运用词组选择：一般说来在网页搜索引擎中，用词组搜索来缩小范围从而找到搜索结果是最好的办法。但是，运用词组搜索涉及如何使用一个词组来表达某一具体问题。有时简单地输入一个问题作为词组就能奏效，在百度上输入"什么是电子商务"，就会在百度搜索结果中找到答案，并给出若干网页回答这个问题。然而简单明了的提问方法只对一部分搜索奏效。其他词组也可以作为搜索条件，尤其这些词组中有一个词十分独特或者该词组是几个词独特的组合。甚至可以用人名、产品名、程序中的字符串组合去搜索。

⑤注意细节：在因特网上进行查询时如果能注意一些细节问题，常常能提高搜索结果的准确性，如许多搜索引擎都区分字母的大小写，因此，如果您正在搜索人名或地名等关键词，应该正确使用它们的大小写字母形式。

2. 信息整理

（1）将收藏的网页整理到文件夹中。

用户可以将重要的网页分类收藏。单击 IE 浏览器窗口标准按钮工具栏中的"收藏夹"按钮，打开或关闭收藏夹列表，在收藏夹列表中单击"整理"命令创建新的文件夹；也可以在 IE 浏览器窗口中打开"收藏"菜单下的"整理文件夹"命令创建新的文件夹。当出现"整理收藏夹"对话框，如图 1-8 所示"整理收藏夹"对话框，单击"创建文件夹"可以创建指定的文件夹。用户需要按照主题来整理网页，创建文件夹是必不可少的。例如，可创建一个名为"电子商务"的文件夹来存储电子商务课程方面的信息。另外，"整理收藏夹"对话框中还有"重命名"、"删除"、"移至文件夹"命令用于完成对文件夹和网页的整理操作。

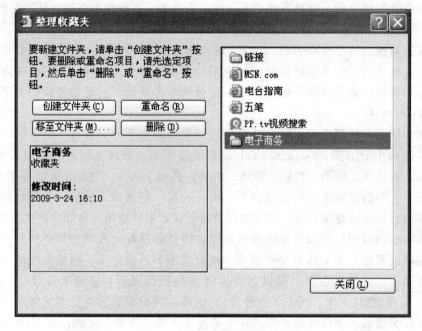

图 1-8　"整理收藏夹"对话框

在收藏夹列表中单击"添加"命令或在 IE 浏览器窗口中打开"收藏"菜单下的"添加到文件夹"命令均可以将当前网页添加到收藏夹。

将收藏夹列表中收藏的网页进行整理，可以在收藏夹列表中将需要整理的网页拖到合适的文件夹中。如果网页快捷方式或文件夹太多而导致无法拖动，可以使用"整理收藏夹"对话框中的"移至文件夹"按钮，完成移动工作。

（2）网上资源的保存。

①保存图片。

将鼠标指向网页中需要保存的图片，单击鼠标右键，在弹出的快捷菜单中选择"图片另存为"命令，在保存图片对话框中选择保存的位置，输入保存图片文件的名称，选择图片保存类型，单击"保存"命令完成图片的保存。

②保存整理文字信息。

网页内容可以将整个网页以文件的形式保存。方法是打开需要保存的网页，在"文件"菜单中选择"另存为"命令，在"另存为"对话框中选择保存的位置，输入保存文件的名称，选择保存文件的类型，单击"保存"命令完成文件的保存。这种方法保存下来的是全部网页的内容，如果我们只需要网页中的部分文字内容，这种方法显然不方便。

如果需要保存网页中的部分文字内容，可以首先在网页中选取需要保存的文字内容，单击鼠标右键，在弹出的快捷菜单中选择"复制"命令，或按"Ctrl＋C"快捷键。建立并打开用于保存文字的文档，如 Word 文档等，在文档中选择保存文字的位置，在"编辑"菜单中选择"粘贴"命令，或按"Ctrl＋V"快捷键，将选取的文字粘贴到文档中。如果在"粘贴"时出现与文字信息无关的内容，可以在"编辑"菜单中选择"选择性粘贴"命令，在"选择性粘贴"对话框中选择"无格式文本"形式进行粘贴。文字内容粘贴到

Word 文档后，就可以利用 Word 的强大功能对文字信息进行编辑、整理和保存了。

四、思考题

1. 搜索的主要方法和技巧有哪些？

2. 利用搜索的资料，整理一份"电子商务和传统商务关系"的文档。

▶ 实验 1.3　商务信息发布

一、实验目标

1. 掌握网络商务信息发布的基本操作；

2. 了解根据商务要求选择网络信息发布的网站和信息发布的形式。

二、实验内容

1. 使用"今题生活商务服务网"发布商务信息；

2. 使用"商务时空网络营销系统"软件发布商务信息。

三、实验指导

可以进行商务信息发布的网站很多，如：阿里巴巴、环球资源、中国制造、慧聪、自助贸易、万国商业网、中国供应商、万通商联等。网上信息发布一定要遵守相关的法律法规。如果要进行专业的商业信息发布还要与专业的商业信息发布网站签订合同，并交纳一定的费用。下面以"今题生活商务服务网"和"商务时空网络营销系统"为例，介绍两种商务信息发布方式。

1."今题生活商务服务网"免费信息发布

利用"今题生活商务服务网"免费信息发布。在浏览器的地址栏输入网址"http：//bizinfo. jinti. com"打开"今题生活商务服务网"，见图 1-9"今题生活商务服务网"主页。

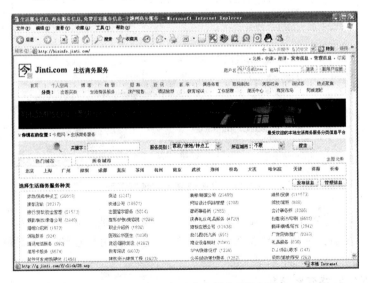

图 1-9　"今题生活商务服务网"主页

如果用户没有注册，可以先进行新用户注册。打开"今题生活商务服务网"主页，登录后单击"发布信息"链接，进入选择地区/信息分类页。选择城市如"天津"，选择频道如"生活商务服",如图 1-10 所示选择地区/信息分类页面。

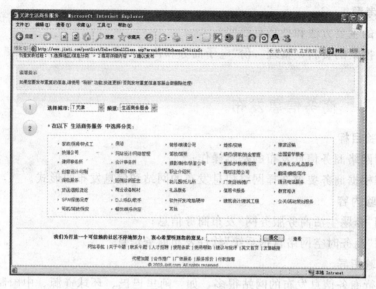

图 1-10　选择地区/信息分类页面

选择分类如"商业设备耗材",进入图 1-11 发布信息内容填写页面。

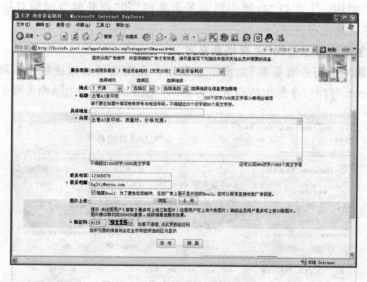

图 1-11　发布信息内容填写页面

填写各栏目内容,单击"预览"或"发布"命令发布信息。如果用户未注册,发布信息时还会弹出"注册并完成信息发布"网页,用户完成新用户注册工作就可以发布商务信息了。

2. 商务时空网络营销系统

"商务时空"是由福州仁亚软件有限公司开发的新一代网络贸易平台系统,可为用户提供全方位的门户级网上贸易服务,协助管理网络商务活动,挖掘最新、最全商情资源,通过网络快速推广产品和服务。同时拥有网络黄页登录、商业信息发布、商业情报搜索、商业伙伴管理、商业核心资源、商务邮件收发、商务知识管理、商务社区等众多实用功能。该软件适合新时代网络贸易发展的需要，是商务人士实现网上交易的工具。

在浏览器的地址栏输入网址"http://www.renya.cn"打开"商务时空网络营销专家网站"，图1-12为"商务时空网络营销专家"网站页面。

图1-12　"商务时空网络营销专家"网站页面

单击"立即下载"命令，下载商务时空试用版，安装、注册后在桌面上将会出现"商务时空"快捷方式图标。

双击桌面上的"商务时空"快捷方式图标或从"开始\程序\商务时空"菜单均可启动"商务时空网络营销系统"，图1-13"商务时空网络营销系统"主界面。

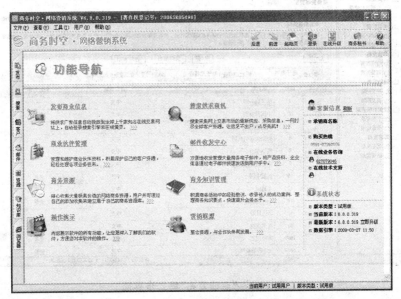

图1-13　"商务时空网络营销系统"主界面

单击"发布商业信息",进入到图1-14"商情发布"第一步界面。

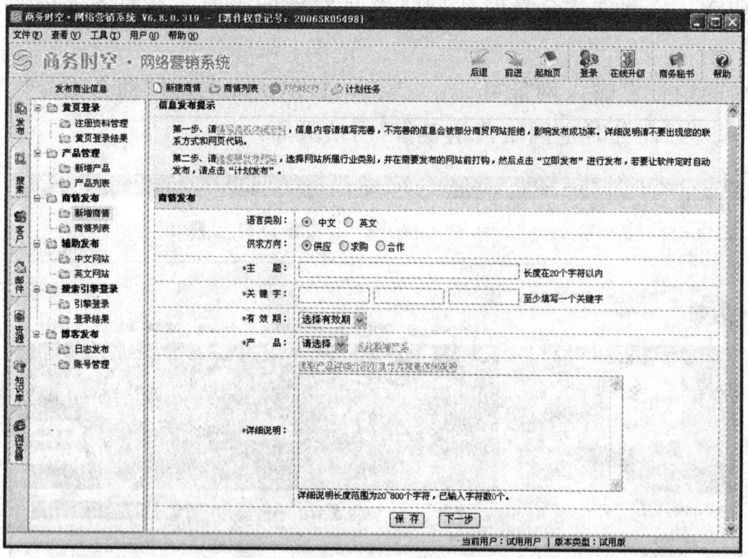

图1-14 "商情发布"第一步界面

第一步：填写商机详细资料，信息内容要填写完善，不完善的信息会被部分商贸网站拒绝，影响发布成功率。详细说明不要出现您的联系方式和网页代码。注意，产品要从之前输入的产品列表中选择。单击"下一步"进入第二步，图1-15"商情发布"第二步界面。首先选择网站所属行业类别，选择一级行业，二级行业；其次在需要发布信息的网站前打钩，选择网站名称；最后单击"立即发布"，就可以将商务信息发布到

图1-15 "商情发布"第二步界面

相应的网站。如果用户未注册或注册信息不完整，系统会弹出注册页面，用户填写完整的注册信息并成功注册后才可以实现信息的发布。若要让软件定时自动发布，点击"计划发布"。可以将供求信息自动投放到全球多家知名的在线交易网站上，自动登录搜索引擎的在线黄页。

四、思考题

1. 网络广告的主要形式有哪些？
2. 上网收集各种形式的网络广告，分析其广告对象和广告效果。

第 2 章　B2B 交易

B2B 的电子商务，即企业与企业之间通过互联网进行产品、服务及信息的交换。通俗的说法是指进行电子商务交易的供需双方都是商家(或企业、公司)，他们使用因特网的技术或各种商务网络平台，完成商务交易的过程。B2B 电子商务主要进行企业间的产品批发业务，也称为批发电子商务。有时写作 BtoB，但为了简便用其谐音 B2B。

B2B 按服务对象可分为外贸 B2B 及内贸 B2B，按行业性质可分为水平 B2B 和垂直 B2B。水平 B2B 电子商务：面向中间交易市场，水平网站将买卖双方集中到一个市场上进行信息交流、广告、交易、拍卖竞标。垂直 B2B 电子商务：面向制造业或商业与上游供应商之间形成供货关系，如戴尔与上游的芯片和主板；和与下游经销商形成经销关系，如 CISCO 与其分销商之间进行的交易。

B2B 电子商务交易的优势有两个：一是交易成本大大降低；二是减少交易环节，提高交易效率。B2B 商务交易的基础有三方面：一是信息标准化；二是用户身份验证；三是电子商务集成化。B2B 交易中心一般包括以下关键实体：(1)卖方公司(供应商)；(2)买方公司(采购商)；(3)电子中介；(4)交易平台；(5)支付服务；(6)物流提供商；(7)网络平台；(8)通信协议；(9)其他服务；(10)后台集成。

B2B 电子商务过程包括：发布供求信息，洽谈与交易，支付过程，确定配送方案并监控配送过程等。B2B 的典型是中国供应商、阿里巴巴、敦煌网、慧聪网、瀛商网等。

▶ 实验 2.1　发布供求信息

一、实验目的
1. 了解 B2B 电子商务网站的特点；
2. 掌握在 B2B 电子商务网站发布供求信息的方法。

二、实验内容
1. 免费注册一个 B2B 电子商务网站用户；
2. 登录 B2B 电子商务网站；
3. 发布信息；
4. 推广公司；
5. 寻找买家。

三、实验指导
1. 登录中国供应商网站：http://cn.china.cn 如图 2-1。
2. 注册中国供应商网站用户并登录：如图 2-2。
3. 通过中国供应商网站，发布供应信息和求购信息。

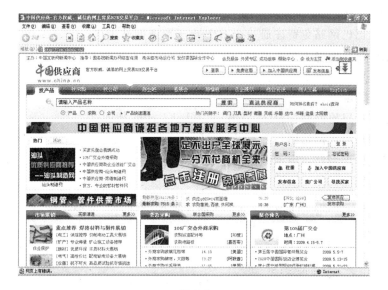

图 2-1

图 2-2

四、思考题

1. 中国供应商是怎样的网站？
2. 中国供应商网站有哪些特点？

▶ 实验 2.2　洽谈与交易

一、实验目的

1. 熟悉 B2B 电子商务网站的使用；
2. 掌握在 B2B 电子商务网站洽谈与交易的方法。

電子商務實驗指導

二、实验内容

1. 在阿里巴巴网站免费注册一个 B2B 电子商务网站用户；
2. 登录阿里巴巴电子商务网站；
3. 在阿里巴巴网站洽谈与交易。

三、实验指导

1. 登录阿里巴巴网站：http://china.alibaba.com 如图 2-3。
2. 注册阿里巴巴网站用户并登录：如图 2-4。
3. 在阿里巴巴网站，申请诚信通：如图 2-5。
4. 在阿里巴巴网站，洽谈与交易：如图 2-6。

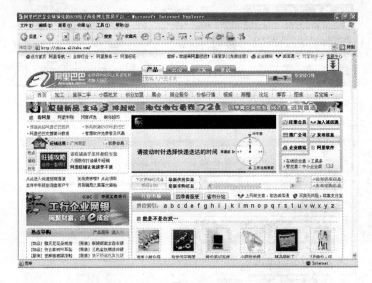

图 2-3

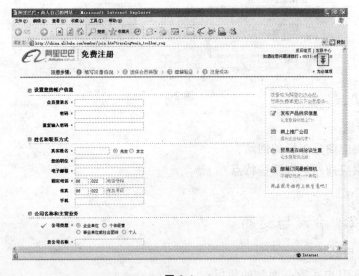

图 2-4

图 2-5

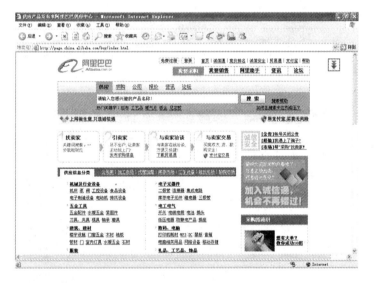

图 2-6

四、思考题

1. 网上洽谈与交易有哪些特点？

2. 什么是诚信通？

实验 2.3　支付过程

一、实验目的

1. 进一步熟悉 B2B 电子商务网站的使用；

2. 熟悉 B2B 电子商务网站的支付过程。

二、实验内容

1. 在阿里巴巴网站洽谈购买某种商品；
2. 使用支付宝完成支付过程。

三、实验指导

1. 了解支付宝、注册支付宝：如图 2-7、图 2-8。

图 2-7

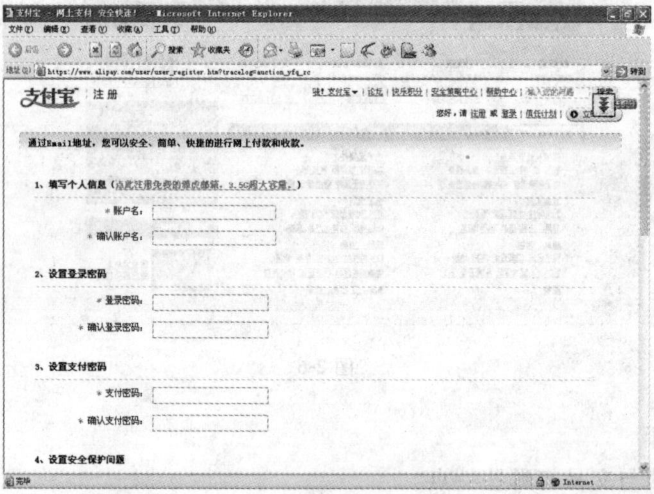

图 2-8

2. 在阿里巴巴网站，下载阿里旺旺，使用阿里旺旺洽谈与交易：如图 2-9。
3. 使用支付宝进行支付体验：如图 2-10。

图 2-9

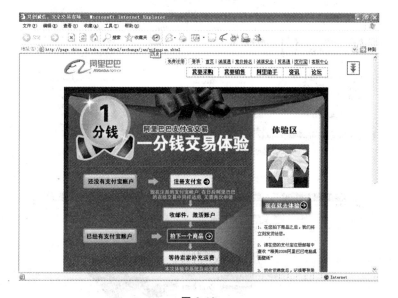

图 2-10

四、思考题

1. 什么是支付宝？如何使用支付宝？

2. 什么是阿里旺旺？

▶实验 2.4　配送与监控

一、实验目的

1. 熟悉外贸 B2B 电子商务网站的使用；

2. 了解敦煌网的特点。

二、实验内容

1. 在敦煌网实现对外贸易过程；

2. 了解敦煌网的供应链体系；

3. 了解慧聪网的使用。

三、实验指导

1. 登录敦煌网 http：//seller. dhgate. com 如图 2-11。

2. 在敦煌网，使用敦煌网的供应链体系，如图 2-12。

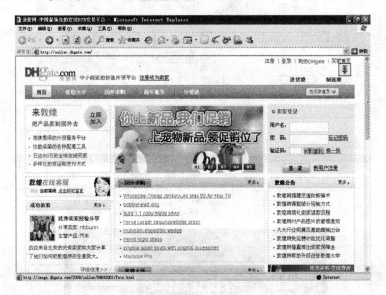

图 2-11

图 2-12

3. 登录慧聪网 http：//www. hc360. com 使用买卖通、慧聪发发；如图 2-13、图 2-14、图 2-15。

图 2-13

图 2-14

图 2-15

四、思考题

1. 敦煌网的供应链体系有什么特点？
2. 什么是买卖通？
3. 什么是慧聪发发？

第 3 章　B2C 电子商务实验

本实验通过当当网了解电子商务网站的基本功能；掌握网上购物的基本环节；体验电子商务网站带来的便利，感受电子商务与传统商务的异同。

本次实验以当当网为实例了解如何进行 B2C 商务网站的购物。当当网是一个优秀的网上商店。在网站的购物流程设计上很人性化，同时提供了丰富的商品信息，以帮助购买者作出购买的决策。购物操作简单界面友好。不同的电子商务网站在设计上以及业务上各有不同，但是，成功的网站无一例外地要尽可能的方便用户浏览、操作、购买，为用户提供丰富的商品信息以帮助用户决策；同时在查询商品信息、订货、支付、收货、售后服务方面一定要满足用户的需要，在网站的页面设计风格上要符合用户的特点。方便用户、满足用户，这样才能成为一个好的网站。其他的网站购物的流程与在当当网站没有太大的区别。

B2C 电子商务模式，是电子商务按交易对象分类中的一种，即表示商业机构对消费者的电子商务。这种形式的电子商务一般以网络零售业为主，主要借助于因特网开展在线销售活动。例如经营各种书籍、鲜花、计算机、通信用品等商品。消费者通过网络下订单进行网上购物、网上支付。这种模式由于节省客户和企业的时间和空间，交易效率很高，开支也很小，深受企业和消费者的欢迎。

一个标准的商家对客户的 B2C 模式的网上购物网站，应具备的功能如下：网上购物、网站的经营管理功能、网站经营报表管理功能、消费论坛、网上订单接收、E-mail、自动收发、网站监控功能、网站访问流量统计、对销售商品进行统计、分析、对会员

图 3-1　网上购物操作流程

购买商品进行统计、分析。网上购物流程图见图 3-1。本章以当当网为例进行购物流程练习。我们分 3 个步骤进行：注册免费会员、网上购物、订单管理。

▶实验 3.1　注册免费会员

一、实验目的

1. 掌握网上商城注册操作；

2. 了解常见电子商务网站的各功能模块。

二、实验内容

1. 申请电子邮箱；

2. 电子商城注册为会员。

三、实验指导

1. 事先申请一个个人电子邮箱。

2. 电子商城注册为会员：进入当当网（http://www.dangdang.com）首页，见图3-2。网络消费者在第一次访问所选定的网上商城进行购物时，先要在该网上商城注册姓名（或昵称）、E-mail、电话等必要信息。如果网上用户先选购商品，将商品放入购物车时，系统会判别用户是否注册，如果没有注册，系统会提醒用户注册。当当网新会员注册共有三个步骤：填写注册信息、邮箱验证、完成注册。

图 3-2

步骤1：填写注册信息。

首先填写您的 E-mail 地址和密码。请注意，该 E-mail 地址是可供您使用的电子邮箱地址，可以是任何网站提供的有效的邮箱。密码是您用来登录当当网站的密码，不是用来登录您邮箱的密码。二者之间是没有关联的。在输入密码的时候要注意网站对密码的长度以及格式的要求。如果格式或长度不符合要求，则会导致无法注册。当当网站要求密码是英文字母或者数字，长度在6个字符以上20个字符以下。见图3-3。输入完毕提交注册，系统进行验证，合格后，进入第二步邮箱验证。

Email地址：	haitang2009@163.com
设置昵称：	海棠花2009
设定密码：	●●●●●● 密码可由大小写英文字母、数字组成，长度6-20个字符。
再输一次密码：	●●●●●●
验证码：	WS2V 看不清？换张图 此项必填。

图 3-3

步骤2：邮箱验证。注册成功后，即可打开邮箱，会有一封当当网的验证邮件。见图3-4、图3-5。

步骤3：完成注册，进行登录，见图3-6。

提示：(1)注册时请阅读交易条款，注意个人信息的保护。(2)网上消费者在不同的网络商店进行注册时，注册内容可能会不同。

图 3-4

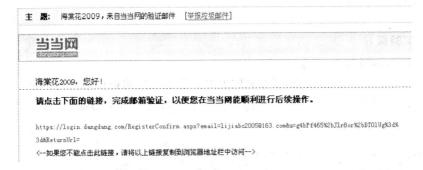

图 3-5

图 3-6

四、思考题

1. 网上商店为什么要进行会员注册?

2. 网上购物与传统购物有什么区别?

▶实验 3.2　网上购物

一、实验目的

1. 了解网上商店的结构和特点；

2. 掌握网上购物的流程；

3. 浏览几个著名的网上购物商店并总结其特点。

二、实验内容

1. 查询和选购商品；

2. 会员信息修改；

3. 购物信息反馈。

三、实验指导

1. 查询和选购商品。

步骤1：登录当当网，先浏览首页的上方，了解该网站提供的商品类别以及功能模块，见图3-7。该网站的商品分为：图书、音乐\影视、运动健康、服装服饰、家居、美妆、母婴、食品、数码家电等。

拼音索引	a b c d e f g h i j k l m n o p q r s t w x y z								
图书	**音乐|影视**	**数码家电**	**美妆**	**母婴**	**服装服饰**	**家居**	**运动健康**	**食品**
生活	儿童音乐	摄影摄像	抗敏感	儿童服饰	衬衫T恤	小家具	当当特卖	巧克力
教育	古典音乐	电脑/配件	洁面	奶粉	珠宝饰品	厨房卫浴	汽车用品	干果
外语	华语流行	MP3播放器	香水	母婴保健	女士服装	纺织用品	户外装备	保健品
管理	音乐新品	厨房电器	美白	防辐射服	男士服装	宠物食品	水上运动	奶茶
小说	更多音乐»»	手机通讯	彩妆	婴儿玩具	时尚女包	床品件套	运动军品	特产
计算机		视听影音	精华	辅食	箱包皮具	礼品收藏	高尔夫运动	有机食品
科技	电影	存储卡读卡器	男士	儿童玩具	男鞋	清洁用品	运动服装服饰	麦片
少儿	电视剧	移动存储	化妆水	纸尿裤	钟表眼镜	时尚家饰	运动器材	肉食
青春	卡通	居家电器	面膜	内衣袜品	成人用品	网羽球拍	咖啡
社科	影视新品	电子词典学习机	保湿	婴儿护肤	女鞋	日用收纳	运动鞋	饼干
更多»»	更多影视»»	更多»»	更多»»	更多»»	更多»»	更多»»	更多»»	更多»»

图 3-7

步骤2：查找商品，查找商品的流程如图3-8。

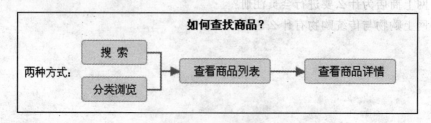

图 3-8

进入某个令您感兴趣的类别区，可以直接使用"商品搜索"输入您要查找的商品的关键字进行快速查找，还可以使用"组合查找"进行比较复杂的条件查找，见图3-9。

步骤3：找到商品后，点击商品的图片或名称进入商品的详细信息页。查看商品的详细信息，见图 3-10。

图 3-9　　　　　　　　　　　　　　　　　　　　图 3-10

当当网对每件商品都有较为详细的信息介绍，包括：推荐组合购买、编辑推荐、内容简介、作者简介、目录、商品评论、商品问答。顾客可据此作为选购商品的参考依据。见图 3-11 和图 3-12。

图 3-11

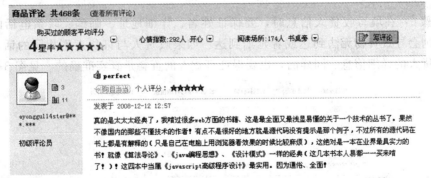

图 3-12

步骤 4：如果想要购买该商品的话，点击"购买"的按钮，见图 3-13。当当网的购物车流程见图 3-14 所示。

定价：~~¥59.00~~ 当当价：**¥47.20** 折扣：80折 节省：¥11.80 钻石vip价：¥44.90

送积分：472 积分说明

🛒 购 买　放入暂存架

顾客评分：★★★★☆ 共有商品评论468条 查看评论摘要

图 3-13

如何使用购物车？

在购物车中，您可以：

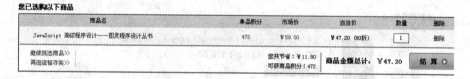

➡ 放入多件不同的商品　　　➡ 删除或恢复购物车中的商品

➡ 修改商品的购买数量　　　➡ 查看相关商品推荐

图 3-14

步骤5：如果还希望购买其他的商品，选择"继续挑选商品"，如果想要去结账的话，则点击"结算"。见图3-15。提交订单的流程见图3-16。

您已选购以下商品

商品名	单品积分	市场价	当当价	数量	删除
JavaScript 高级程序设计——图灵程序设计丛书	472	¥59.00	¥47.20 (80折)	1	删除

继续挑选商品>>
再逛逛暂存架>>

您共节省：¥11.80　**商品金额总计：¥47.20**　结 算 ▷
可获商品积分：472

图 3-15

如何提交订单？

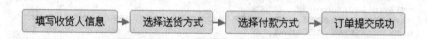

填写收货人信息 → 选择送货方式 → 选择付款方式 → 订单提交成功

图 3-16

步骤6：在填写收货人信息时，要保证姓名、详细地址、邮编、联系电话的准确性，否则会导致货物无法到达或者延期到达。如果收货人与订货人不相同的话，还要填写订货人的详细信息。同样的，也要保证订货人的资料是真实准确的。见图3-17。

结算步骤：1.登录注册 >> 2.选择订单 >> **3.填写核对订单信息** >> 4.成功提交订单

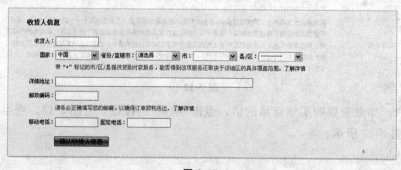

收货人信息

收货人：[_____]

国家：[中国 ▼] 省份/直辖市：[请选择 ▼] 市：[_____ ▼] 县/区：[------- ▼]

带 "*" 标记的市/区/县提供货到付款服务，能否得到该项服务还取决于该地区的具体覆盖范围。了解详情

详细地址：[_____]

邮政编码：[_____]

请务必正确填写您的邮编，以确保订单顺利送达。了解详情

移动电话：[_____] 固定电话：[_____]

确认收货人信息

图 3-17

步骤 7：选择您货物的送达时间以及运费。当当提供了两种送达方式：快递和普通递送。您可以点击超级链接查看送货方式与付款方式信息。见图 3-18。

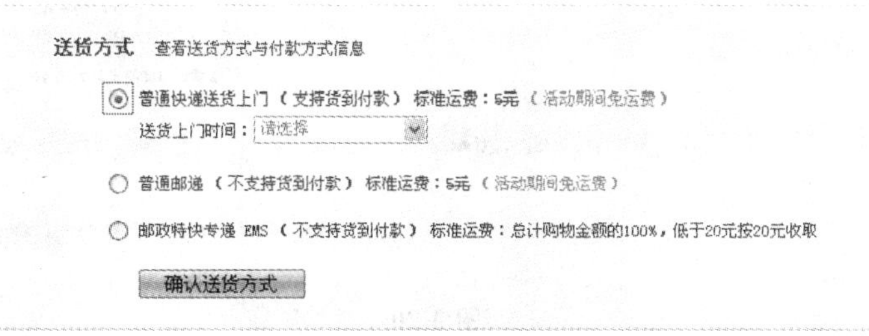

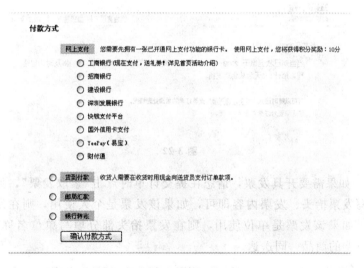

图 3-18

步骤 8：选择付款方式。选择一种最合适的付款方式。当当提供了货到付款、邮局付款、银行转账、网上支付这几种支付方式。其中，货到付款等送货上门的时候见货付款；邮局汇款则需要去邮局把款汇到商家指定的地址；银行转账需要把款项从自己的银行卡账号转到同行的商家的银行卡账号中去，可到银行营业点或者自动柜员机上操作。以上支付方式均需要一定的时间延迟才能支付成功。网上支付则可以实现实时的支付，并且不需要您亲自去柜员机或者去营业点办理，只要您有一张银行卡，就可以直接在网上直接完成支付了。选择"网上支付"时，还要进一步选择哪一种支付平台。见图 3-19。

图 3-19

步骤 9：填写完以上信息之后，请仔细核对；确认无误后，请点击"提交订单"按钮提交订单。生成订单号后，表明您已经成功提交了订单。见图 3-20、图 3-21。您的邮箱会接到一封订单已接受的确认信。见图 3-22。注意当当网目前还不接受对已提交订单的的修改，所以一定要对订单进行核实后再提交。

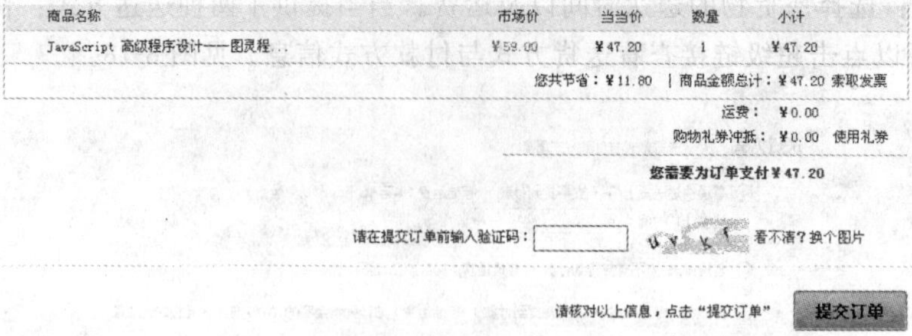

商品名称	市场价	当当价	数量	小计
JavaScript 高级程序设计——图灵程...	￥59.00	￥47.20	1	￥47.20

您共节省：￥11.80 | 商品金额总计：￥47.20 索取发票

运费： ￥0.00

购物礼券冲抵：￥0.00　使用礼券

您需要为订单支付 ￥47.20

请在提交订单前输入验证码：　　　　　　　看不清？换个图片

请核对以上信息，点击"提交订单"　　提交订单

图 3-20

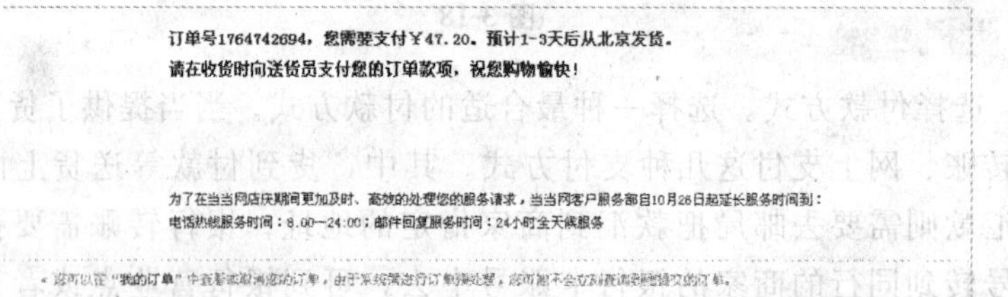

订单号1764742694，您需要支付￥47.20。预计1-3天后从北京发货。
请在收货时向送货员支付您的订单款项，祝您购物愉快！

为了在当当网店庆期间更加及时、高效的处理您的咨询的服务请求，当当网客户服务自10月28日起延长服务时间到：
电话热线服务时间：8.00—24:00；邮件回复服务时间：24小时全天候服务

* 您可以在"我的订单"中查看并取消您的订单，由于系统同步订单数据原因，您可能不会立刻看到您提交的订单信息。

图 3-21

主 题： 订单1764742694已收到，正在处理中 [举报垃圾邮件]

当当网
dangdang.com　　　　　　　　　　当当首页 | 当当推荐 | 当当榜 |

海棠花2009，您好！

当当网已收到您于 2009-4-16 8:33:54 提交的订单1764742694，我们将及时为您处理，预计1-3天后从北京发货。

您可以随时进入"订单详情页面"查看订单的后续处理情况。
您还需要为订单支付 47.20元。

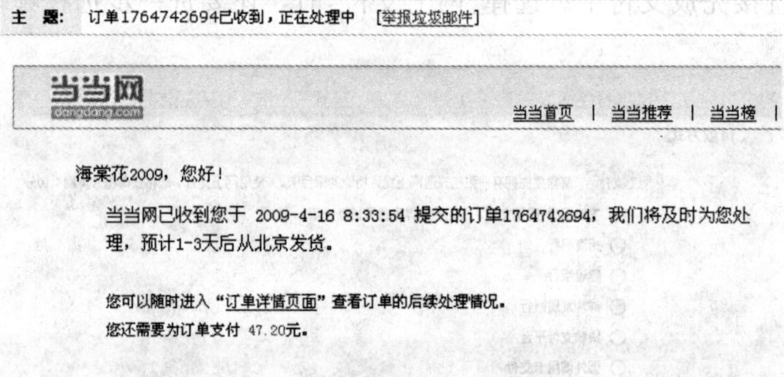

图 3-22

步骤 10：如果需要开具发票，请您在提交订单时点击"索取发票"，见图 3-20，按提示内容填写发票抬头、发票内容即可，如果该发票是个人使用，则在发票抬头部分填写"个人"，如果该发票是单位使用，则在发票抬头部分填写单位名称。见图 3-23。发票将随您订购的商品一同送达。

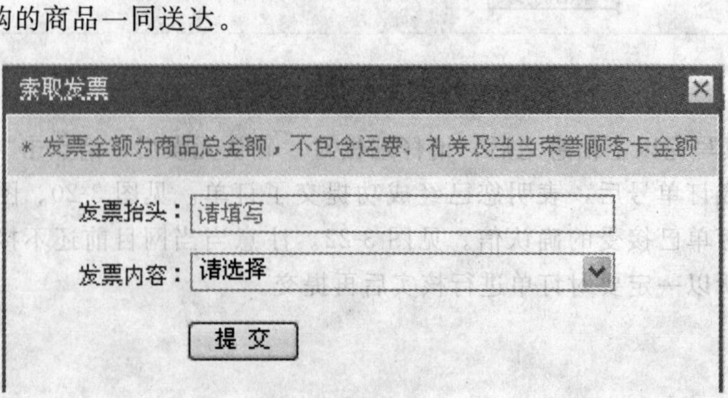

索取发票　　　　　　　　　　　　　　　　×

＊ 发票金额为商品总金额，不包含运费、礼券及当当荣誉顾客卡金额

发票抬头： 请填写

发票内容： 请选择　　　　　　　　　　▼

提 交

图 3-23

步骤 11：退货与退款；如果需要退货，可选择自动退货。输入订单号即可。见图 3-24、图 3-25。然后选择退款方式。对于因为缺货或者退货产生的剩余的钱，可以根据您的喜好或需要来处理退款的方式。如果您认为您会多次的光临该网站购物的话，最好选择暂存于当当帐户中以备下次购物时使用。退款需要退款手续费，关于退款的详细说明，可以点击"退款说明"的超链接查看。

▶ 付款方式	▶ 配送方式	▶ 售后服务	▶ 帮助中心
支付方式	运费收取标准	服务保障承诺	常见热点问题
网上支付常见问题	配送时间和配送范围	退换货政策	找回密码
汇款单招领		退换货流程	顾客投诉
激活礼品卡		自助退货	
		自助换货	

图 3-24

申请步骤：1. **输入订单号** >> 2 选择需退货商品 >> 3. 填写退货数量 >> 4. 确认退货信息 >> 5. 确认退款方式 >> 6. 成功提交

请在下方输入您需要申请退货的订单号，并点击申请退货

订单号：[　　　　　　]

[申请退货]

图 3-25

2. 会员信息修改：当当会员可以对已注册的个人信息进行修改，见图 3-26。

3. 购物信息反馈：进入"我的当当"查看有关购物订单的信息，或通过"我的问答"、"我的留言板"、"商家问答"对购物行为和商品进行咨询。也可参见订单管理部分内容。见图 3-27、图 3-28。

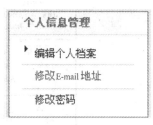

个人信息管理

▶ 编辑个人档案

　修改E-mail地址

　修改密码

图 3-26

订单号：1764742694　（正在配货）　下单时间：2009-4-16 8:33:54
预计发货时间：下订单后1-3天

收货人信息
收 货 人：海棠花2009
收货地址：中国，天津，天津市，河北区天津市城市职业学院，300250
联系电话：022-26420101

送货方式
普通快递送货上门，周一至周五
发 货 地：北京

付款方式
货到付款

商品清单
🏢 商家：当当网

商品名称	单品积分	市场价	当当价	订购数量	小计
JavaScript 高级程序设计—— ...	472	¥59.00	¥47.20	1	¥47.20

商品金额合计：¥47.20

您需为订单支付：¥47.20

积分说明
当订单状态变为交易成功后，才可以查询具体积分明细

图 3-27

我的问答
我的留言板
商家问答

图 3-28

四、思考题

1. 通过这一次网上购物的经历说明网上购物的基本步骤。

2. 浏览其他商务网站了解它们的购物流程，并进行总结。

▶实验 3.3　订单管理

一、实验目的

1. 了解网上商店的订单管理功能；

2. 了解订单管理为已购物顾客提供的服务。

二、实验内容

1. 查看订单；

2. 订单管理。

三、实验指导

1. 查看订单：在提交订单后，订单处于"等待审核"状态可以对订单进行修改、合并、取消订单的操作。如果已进入"正在配货"状态则不能取消订单。如果确认无误，则可以去付款了。若您选择在线支付，此时点击网上支付平台。图 3-29 是订单处理的几种状态。

所有订单(1)		需支付的订单(0)	需确认收货的订单(0)		需评价商家的订单(0)		
订单号	收货人	付款方式	订单总金额	订单状态	下单时间	商家	操作
1764742694	海棠花...	货到付款	￥47.20	等待审核	2009-04-16	当当网	取消

所有订单(1)		需支付的订单(0)	需确认收货的订单(0)		需评价商家的订单(0)	
订单号	收货人	付款方式	订单总金额	订单状态	下单时间	商家
1764742694	海棠花...	货到付款	￥47.20	正在配货	2009-04-16	当当网

所有订单(1)		需支付的订单(0)	需确认收货的订单(1)		需评价商家的订单(0)		
订单号	收货人	付款方式	订单总金额	订单状态	下单时间	商家	操作
1764742694	海棠花...	货到付款	￥47.20	已发货	2009-04-16	当当网	收货反馈

图 3-29

2. 订单管理：不论交易是否完成，均可以进入"我的当当"进行订单管理以及帐号管理。返回首页，点击"我的当当"，使用原先注册的 E-mail 地址和登录密码进行登录。

在"我的当当"中可以查看订单、修改订单、合并订单（把几分订单合并成一份订单）、修改送货地址、查询在当当中的余额、修改 E-mail 地址和修改登录密码等帐户操作。最后，离开当当网站的时候，为了安全起见，在我的当当中选择"退出登录"离开当当网站，以免其他人冒名顶替您对订单做出您预料不到的修改或者破坏。

四、思考题

1. 思考网上购物有什么优势？

2. 在这一次网上购物中，最让您印象深刻的是什么？最满意的是什么？你认为在哪些方面它做得不够好，可以怎样去改善和提高？

第 4 章　C2C 电子商务实验

▶ 实验 4.1　注册免费会员

一、实验目的

1. 了解个人会员注册流程；

2. 掌握会员注册的方法。

二、实验内容

1. 申请免费电子邮箱（略）；

2. 注册免费会员。

三、实验指导（会员注册过程）

1. 打开 IE，进入欲注册的 C2C 网页，例如：淘宝网（www.taobao.com），如图 4-1。

图 4-1　淘宝网首页

2. 在首页，点击"免费注册"，进入"淘宝网会员注册"页面。如图 4-2 所示。

图 4-2　"淘宝网会员注册"页面

淘宝网支持"手机号码注册"和"邮箱注册"两种免费会员注册方式。这里仅以"手机号码注册"为例,"邮箱注册"类似,可仿照练习。

3. 选择"手机号码注册",则进入"编写会员信息"页面。如图 4-3 所示。

会员注册共有 4 个过程:编写会员信息、输入手机验证码、设置帐号密码和注册完成。

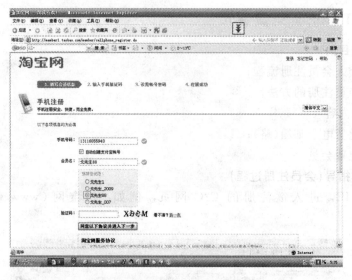

图 4-3 "编写会员信息"页面

4. 输入手机号码和会员名,并在"验证码"输入框中随机出现的验证码,该步骤是验证注册会员身份(您所注册的会员名可能是虚拟的,但您购买手机卡时,是要出示身份证的,也就是留下了真实身份)。

点击"同意以下协议并进入下一步"按钮,则进入"输入手机验证码"页面。如图 4-4 所示。

图 4-4 "输入手机验证码"页面

仅需片刻,淘宝网会给您的手机发来"验证码",您在"输入手机验证码"框中输入该验证码(也就证明您所使用的确是您自己的手机或委托人的手机)。

再点击"下一步"按钮,进入"设置账号密码"页面。如图 4-5 所示。

图 4-5　"设置账号密码"页面

5. 在"设置账号密码"框中输入您设置的密码并再次确认。点击"下一步"，进入"注册成功"页面(略)。注册会员过程结束。

6. 在淘宝网首页点击"登录"，则出现欢迎界面。如图 4-6 所示。

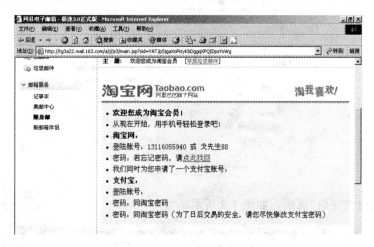

图 4-6　"欢迎"页面

▶实验 4.2　免费注册支付宝会员

一、实验目的

1. 了解免费注册支付宝会员流程；

2. 掌握支付宝会员注册的方法。

二、实验内容

注册支付宝会员申请免费电子邮箱(略)。

三、实验指导

以淘宝网(www.taobao.com)为例，在实验 4.1 已注册为会员基础上按如下步骤操作。

1. 在淘宝网首页，点击"免费开店"进入图 4-7。

图 4-7

2. 点击"实名认证"，在出现的图 4-8 页面中再点击"现在就注册"。

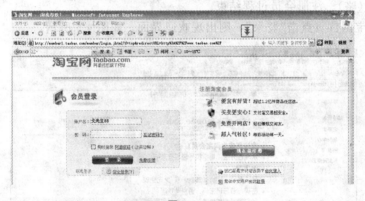

图 4-8

进入"支付宝注册"页面，如图 4-9 所示。

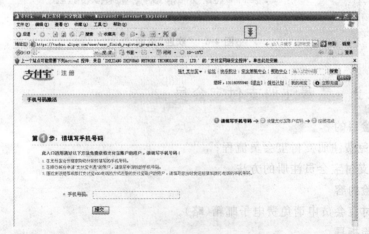

图 4-9 "支付宝注册"页面

3. 在"支付宝注册"页面，手机号码激活并按提交。出现"输入验证码"页面，如图4-10所示。

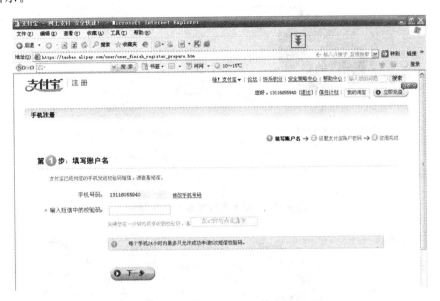

图 4-10　"输入验证码"页面

4. 将手机中收到的"验证码"，输入后进入"设置支付宝账户密码"页面。如图4-11所示。

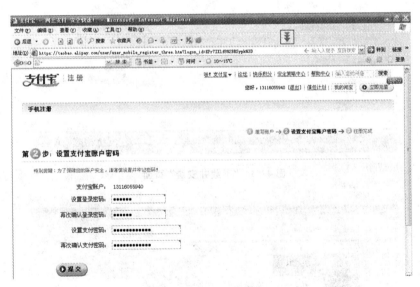

图 4-11　"设置支付宝账户密码"页面

5. 输入相关信息后点击"提交"，完成注册并进入"登录支付宝账户"页面。如图4-12所示。

6. 按登录进入"下载并安装"页面。如图4-13所示。

7. 安装并完成软件下载，如图4-14所示。

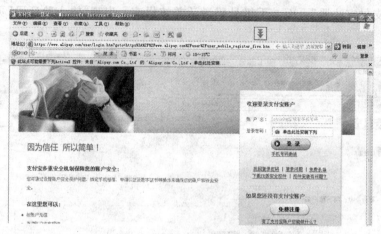

图 4-12 "登录支付宝账户"页面

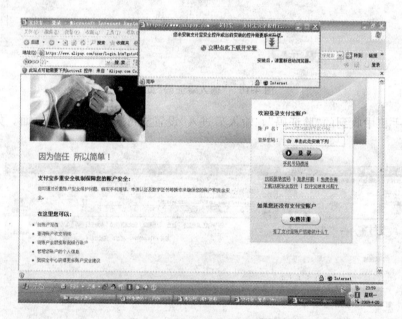

图 4-13 "下载并安装"页面

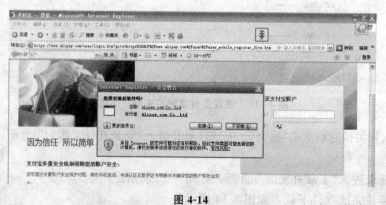

图 4-14

实验 4.3　淘宝网开店

一、实验目的

1. 学习淘宝网开店流程；

2. 掌握基本操作技能，将所学知识在实际中应用。

二、实验内容

1. 会员注册与认证；

2. 网上开店。

三、实验指导

（一）注册电子邮箱（可使用已有的电子邮箱）

该电子邮箱非常重要，淘宝网会向这个邮箱发送您在淘宝网上的买卖交易、资金流转及收发站内信件等重要信息。

（二）注册淘宝会员（见实验 4.1 注册免费会员）

（三）下载并安装"阿里旺旺"

阿里旺旺是买卖双方进行交流的工具，也是卖方进入自己网店的快捷通道。

1. 在淘宝网首页，点击"阿里旺旺"，打开如图 4-15 所示页面。

图 4-15　"阿里旺旺"

2. 点击"下载"，出现如图 4-16 所示页面。

3. 完成下载操作。

还可下载并安装"淘宝助理"（略）。

图 4-16　下载"阿里旺旺"页面

（四）注册支付宝会员

在淘宝网首页，点击"支付宝"，在出现的页面中单击"免费注册"进入"支付宝注册"页面。如图 4-17 所示。

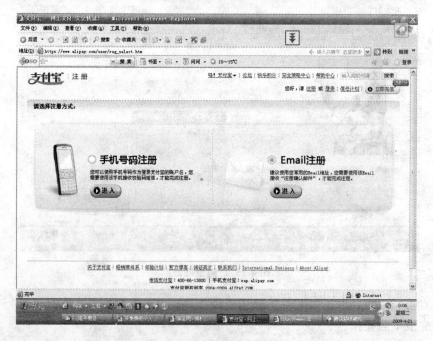

图 4-17　"支付宝注册"页面

注册支付宝会员有两种方式，选其中一种点击"进入"。按照提示填写基本信息（具体步骤参见实验 4.2 免费注册支付宝会员）。

其中，在"补全支付宝账户信息"要填写真实的信息资料。如图 4-18 所示：

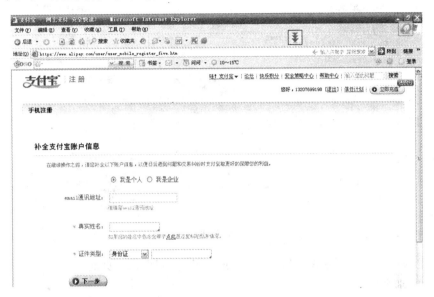

图 4-18　"补全支付宝账户信息"页面

注册支付宝会员成功后，会出现如图 4-19 所示页面。

图 4-19

（五）进行支付宝实名认证

为营造诚实可信的电子商务环境，淘宝网为买卖双方设置了支付宝实名认证程序。

1. 在淘宝网首页，点击"免费开店"或"我要卖"。进入图 4-20 页面。

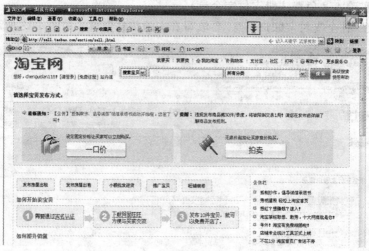

图 4-20

2. 先选择一种发布方式，如："一口价"。则进入图 4-21 页面。

3. 单击"现在去认证"。

认证过程分为 3 步，分别为：提交个人信息、身份证件核实和银行账户核实（略）。

（六）办理网上银行。

操作方法，参见"电子商务师实验室"相关模拟实验。

（七）网上开店

1. 在图 4-21 中，单击"继续发布宝贝"。或在淘宝网首页，点击"我要卖"。

2. 上传登录宝贝（即商品），满十件后，即可免费开设店铺。

图 4-21

第 5 章　　网上银行实验

实验 5.1　个人网上银行

一、实验目的

1. 掌握个人网上银行服务流程；
2. 使用个人网上银行专业版进行操作。

二、实验内容

1. 个人网上银行大众版；
2. 个人网上银行证书专业版；
3. 动态口令专业版。

三、实验指导

(一)个人网上银行大众版

1. 在线注册：图 5-1、图 5-2、图 5-3。

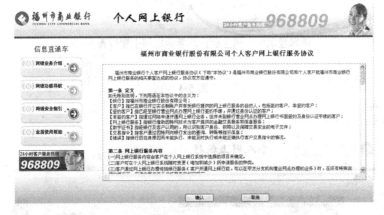

图 5-1

1) 进入"在线注册"页面，设置"网银登录名称"，系统自动判断该登录名是否可用。

2) 设置 6～12 位的登录密码，建议不要设置过于单一或简单的密码。

3) 选择需注册网银的账户类型，目前仅支持卡号前 4 位为 6223 的银行卡。

4) 在"账户号码"一栏输入您已在商行开立并可正常使用的银行卡卡号。

5) 在"账户密码"密码控件框输入您银行卡的取款密码，系统验证。

6) "证件类型"需选择开户时所使用的证件类型。

7) 在确定上述信息填写正确后，输入验证码后，点击"注册"。

8) 确认输入的信息是否有误，确认后，点击"提交"。

9) 注册成功后系统提示如图 5-3 所示。

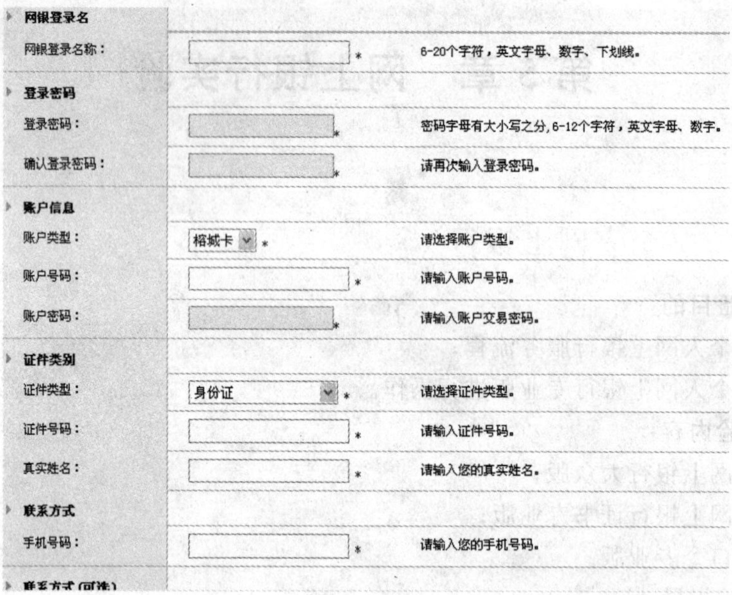

图 5-2

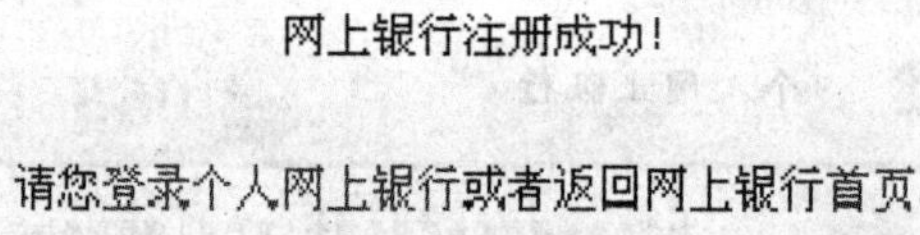

网上银行注册成功!

请您登录个人网上银行或者返回网上银行首页。

图 5-3

2. 系统登录：图 5-4。

图 5-4

1)在"用户名"一栏输入注册时的名称。

2)在"密码"的密码控件框中输入登录密码。

3)输入附加码后，点击"登录"即可。

3. 我的账户

(1)账户一览：图 5-5。

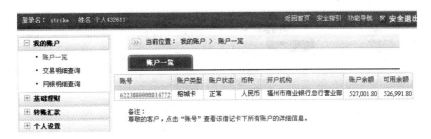

图 5-5

1)选择菜单栏"我的账户→账户一览"即可查询该卡的活期账户相关信息。

2)点击所查询的银行卡卡号，即可查询卡内所有子账户信息。

(2)交易明细查询：图 5-6。

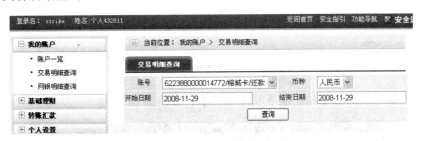

图 5-6

1)选择菜单栏"我的账户→交易明细查询"，系统默认查询第一张银行卡当日的交易明细。

2)目前仅支持人民币账户查询，暂不支持外币账户查询。

3)单次仅可查询三个月内的交易明细，若查询的月数超过三个月请分次查询。

(3)网银交易明细查询：图 5-7。

图 5-7

1)输入所需要的查询条件，点击"查询"功能键，系统自动反馈相关的网银交易明细。

2)单次仅可查询三个月内的交易明细，若查询的月数超过三个月请分次查询。

4. 个人设置

(1)账户追加：图 5-8。

图 5-8

1)点击所查询的账户别名，即可修改客户的账户别名，如图 5-9 所示。

图 5-9

2)点击新增，即追加客户名下其他银行卡，如图 5-10 所示。

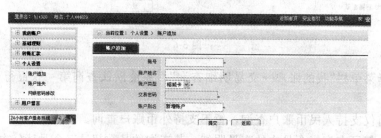

图 5-10

3)账户：输入客户名下的还未追加上网上银行的银行卡作为追加账户。

4)账户姓名：与此账户匹配的的客户姓名。

5)账户类型：默认为银行卡。

6)交易密码：确认转账信息无误后，输入银行卡的交易密码。

7)账户别名：为此追加的银行卡设置别名。

8)点击"提交"后，系统转入信息确认界面，如图 5-11 所示。

图 5-11

9)确认无误，请选择"确认"即可追加账户；若追加信息有误，请选择"返回"重新输入转账信息。

　　(2)账户挂失：图 5-12。

图 5-12

　　1)付款账户：可下拉框选择已开通网银的银行卡作为挂失账户。

　　2)证件类型：与此卡号匹配的有效身份证件。

　　3)证件号：输入与此卡号匹配的有效身份证件号。

　　4)点击"提交"后，系统转入转账信息确认界面，如图 5-13 所示。

图 5-13

　　5)系统交易成功后，账户为口头挂失状态，五天后自动解挂，如果需密码挂失或卡挂失请及时到柜面办理。

　　(3)网银密码修改：图 5-14。

图 5-14

　　1)输入新旧密码后，点击"提交"。

　　2)建议您设置的新密码不要过于简单，如 111111，10101010 等。

(二)个人网上银行证书专业版

1. 签约申请

　　您可持本人有效身份证件及银行卡到我行任一网点，填写《福州市银行个人客户电子银行服务综合申请表》，并选择购买网银安全产品——金盾，即可使用个人网银证书专业版。

　　2. 系统登录

　　1)插入 USBkey，系统提示选择证书，如图 5-15 所示。

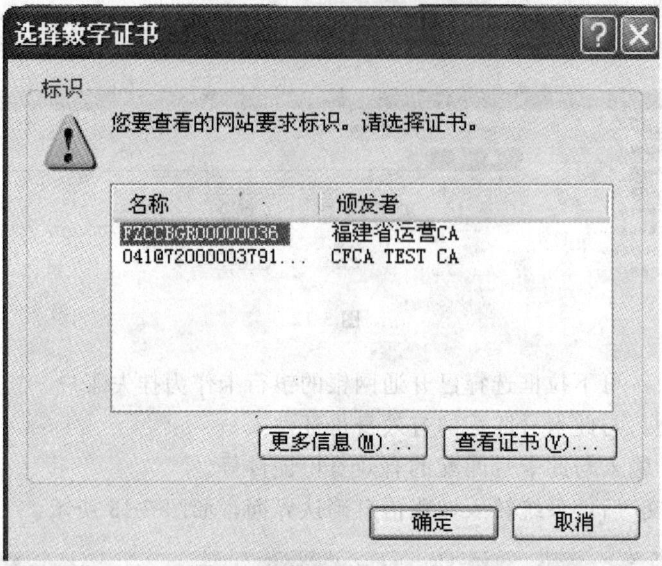

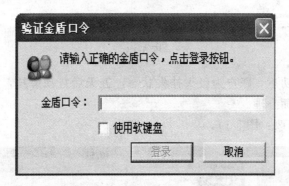

图 5-15

2）点击确定后，系统提示输入证书口令，如图 5-16 所示。

图 5-16

3）点击登录后，系统弹跳出个人网银证书专业版登录界面，如图 5-17 所示。

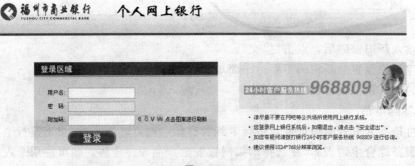

图 5-17

4）输入网银登录名、登录密码、附加码后系统提示安全信息，如图 5-18 所示。

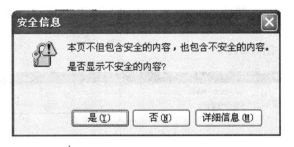

图 5-18

5)点击"是"后进入个人网银证书专业版。

3. 我的账户：功能与个人网上银行大众版相同。

4. 基础理财

(1)活期转活期：图 5-19。

图 5-19

1)付款账户：可下拉框选择已开通网银的银行卡作为转出账户。

2)付款币种：目前仅支持人民币。

3)收款账户：可下拉框选择已开通网银的银行卡作为转入账户。

4)付款金额：输入所需转账的金额（转账金额不可大于账户可用余额）。

5)摘要：方式为"请选择"即可在下拉框中选择"摘要"。

6)点击"提交"后，系统转入转账信息确认界面，如图 5-20 所示。

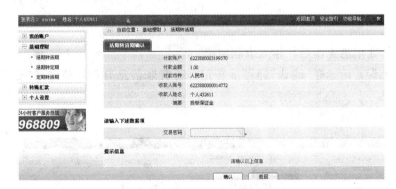

图 5-20

7)确认转账信息无误后，输入取款密码。

8)确认无误，请选择"确认"即可转账；若转账信息有误，请选择"返回"重新输入转账信息。

（2）活期转定期：图 5-21。

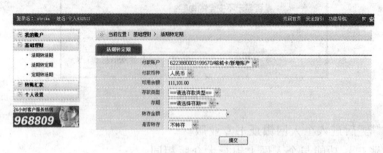

图 5-21

1）付款账户：可下拉框选择已开通网银的银行卡作为转出账户。

2）付款币种：目前仅支持人民币。

3）存款类型：可下拉框选择存款定期的类型。

4）存期：可下拉框选择存款定期的时间。

5）转存金额：输入所需转存的金额（转存金额不可大于账户可用余额）。

6）是否转存：若选择"不转存"定期到期后转为活期，若选择"自动转存"定期到期后自动转为定期。

7）点击"提交"后，系统转入转账信息确认界面，如图 5-22 所示。

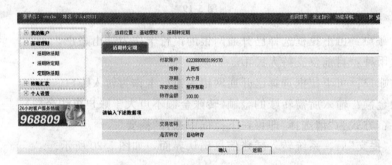

图 5-22

8）确认转账信息无误后，输入取款密码。

9）确认无误，请选择"确认"即可活转定；若转账信息有误，请选择"返回"重新输入活转定信息。

（3）定期转活期：图 5-23。

图 5-23

1) 选择一个转出账号→选择项处点击选择一个定期。

2) 点击"提交"后，系统转入转账信息确认界面，如图 5-24 所示。

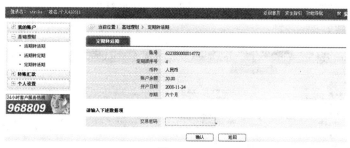

图 5-24

3) 确认转账信息无误后，输入取款密码。

4) 确认无误，请选择"确认"即可定转活；若转账信息有误，请选择"返回"重新输入定转活信息。

5. 转账汇款

(1) 行内转账：图 5-25。

图 5-25

1) 付款账户：可下拉框选择已开通网银的银行卡作为转出账户。

2) 付款币种：目前仅支持人民币。

3) 付款金额：输入您所需转账的金额（转账金额不可大于账户可用余额）。

4) 收款人账号、名称：您可手工输入收款人的账号与名称，若该收款人已收入"收款人名册"，点击"收款人名册"选择收款人信息后，系统将自动为您填写"收款人账号"、"收款人名称"。

5) 摘要：方式为"请选择"即可在下拉框中选择"摘要"。

6) 点击"提交"后，系统转入转账信息确认界面，如图 5-26 所示。

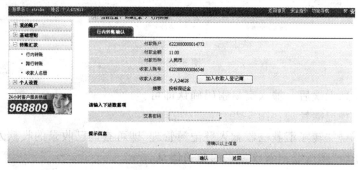

图 5-26

7）若收款人账号、名称还未收录，可选择"加入收款人登记簿"，系统将自动为您登记。

8）确认转账信息无误后，输入交易密码，点击"确认"。

（2）跨行转账：图5-27。

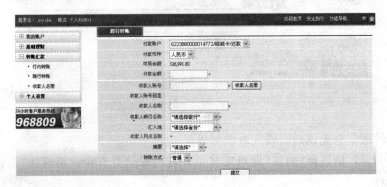

图 5-27

1）付款账户：可下拉框选择已开通网银的银行卡作为转出账户。

2）付款币种：目前仅支持人民币。

3）付款金额：输入您所需转账的金额（转账金额不可大于账户可用余额）。

4）收款人账号、名称：您可手工输入收款人的账号与名称，若该收款人已收入"收款人名册"，点击"收款人名册"选择收款人信息后，系统将自动为您填写"收款人账号"、"收款人名称"。

5）收款人银行名称：需选择收款人开户行的名称。

6）汇入地：则选择收款人开户行所属省市。

7）收款人网点名称：当您选择完收款人银行名称及汇入地后，系统将自动提供下拉框供您选择开户行的具体分支行名称。

8）摘要：方式为"请选择"即可在下拉框中选择"摘要"。

9）点击"提交"后，系统转入转账信息确认界面，如图5-28所示。

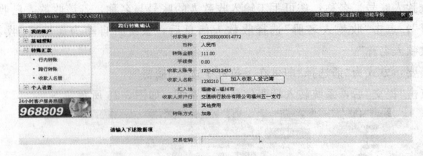

图 5-28

10）确认信息无误后，输入交易密码确认即可。

（3）收款人登记簿管理：图5-29。

1）选择菜单栏"转账汇款→收款人登记簿管理"即可查询已收录的收款人信息。

2）选择"新增"则可登记新收款人的相关信息。

图 5-29

3）删除收款人：在"收款人列表"中勾选"收款人账号"，点击"删除"后即可。

6.个人设置：功能与个人网上银行大众版相同。

7.用户留言

（1）留言：图 5-30。

用户可以给银行留言，操作步骤如下：

登录进入系统。在菜单中选取"基础管理"→"留言"，进入"留言"录入界面。

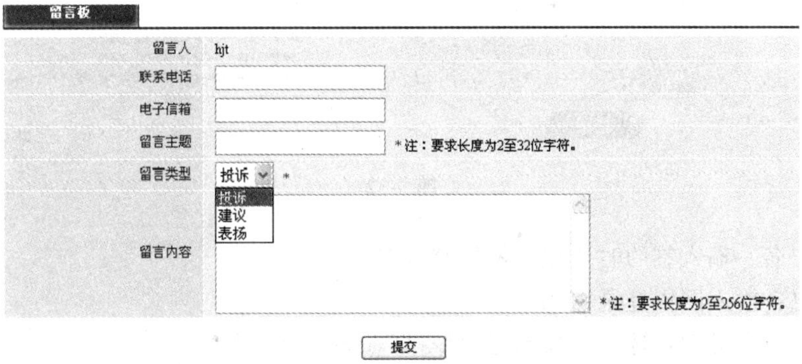

图 5-30

录入联系电话、电子邮箱、留言主题、留言类型、留言内容，点击提交后银行将收到用户的留言。

（2）留言查询：图 5-31。

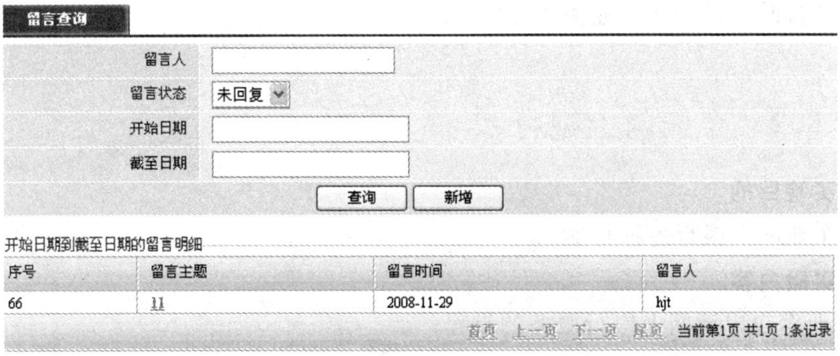

图 5-31

用户可以查询自己的留言，操作步骤如下：

登录进入系统。在菜单中选取"基础管理"→"留言查询"，进入"留言查询"录入界面。

录入留言人、留言状态、开始日期、截止日期，点击"查询"按钮进行查询。

点击留言主题，可查询留言详细信息，如果留言银行已回复，则可查询回复内容。

(三)动态口令专业版

1. 签约申请

您可持本人有效身份证件及银行卡到我行任一网点，填写《福州市银行个人客户电子银行服务综合申请表》，并选择购买网银安全产品——动态口令令牌，即可使用个人网银动态口令专业版。

2. 系统登录：图 5-32。

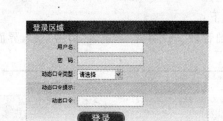

图 5-32

1)用户名：输入签约时登记的网银登录名。

2)密码：输入网银登录密码。

3)动态口令类型：选择普通动态口令(即动态口令令牌)。

4)动态口令：输入动态口令令牌当前的六位数字。

5)上述信息输入无误，点击"登录"即可。

3. 我的账户、基础理财、转账汇款、个人设置、用户留言等功能与个人网上银行专业版相同，需要输入动态口令令牌当前的六位数字。

四、思考题

如何进行网上银行个人业务操作？

实验 5.2 企业网上银行

一、实验目的

了解企业网上银行各种功能。

二、实验内容

1. 企业客户申请网上银行服务的流程；

2. 网上银行对企业财务人员的角色设定；

3. 集团客户理财。

三、实验指导

(一)企业客户申请网上银行服务的流程

企业客户没有开立农行存、贷款账户(包括支票户、单位卡账户等)的,应首先在农行开立账户。已经开立农行账户的企业客户可以省略这一步。

登录农行网上银行,下载、打印《中国农业银行网上金融企业客户注册登记表》,填写后,加盖所有登记账户的企业法人代表或授权代理人签章,预留印鉴或企业公章。

持《中国农业银行网上金融企业客户注册登记表》、营业执照、法人代码证书、法人授权委托书、注册经办人身份证件等申请材料,到开户行办理正式注册手续。

1. 客户号与客户证书

客户号是银行发给客户的业务代号,客户号包括法定客户号和客户代码,法定客户号和客户代码具有一一对应的关系。法定客户号、客户代码标准按"中国农业金融企业标准客户编码规范"执行。网上银行的每个注册客户均有唯一特定的客户号,在一个客户号下可以管理该客户在农行开户的所有注册账户。

客户证书是由银行认证中心(银行 CA)发放,包含了客户特征信息、公钥等有关要素,并能确认客户唯一身份的一组电子信息,是客户进入网上银行系统办理各项业务的唯一有效身份标志。客户证书的存放介质可以是磁盘、USB KEY 或 IC 卡,基于对安全性的考虑,银行要求磁盘只用于存放个人客户的证书。通俗地讲,客户证书就好像一张网上银行的通行证,只要凭有效客户证书办理的网上银行业务,银行就视同是客户本人办理的业务。

2. 浏览银行的网站

无论何时何地,通过 Internet Explore 浏览器输入中国农业银行网址:www.abchina.com,即可进入农行主页。点击页面上方"网上银行"选项,可以进入网上银行客户交易系统界面。网站浏览应注意:①使用 IE4.0 以上版本;②使用 $800\times$ 600 分辨率以求最佳浏览效果。

3. 注册客户进入网上银行客户交易系统的步骤

(1)登录农行网站点击网上银行栏目(第一次登录需要下载安装代理软件 S-Agent,安装成功后桌面出现"S"图标);

(2)用鼠标右键点击蓝色"S"图标(计算机页面底部任务栏内),选择"自动配置为浏览器代理"选项;

(3)客户插入客户证书(如磁盘插入软驱、USB KEY 插入 USB 口、IC 卡插入连接好的读卡器);

(4)个人客户可以进入页面上的"个人客户"模块(企业客户则进入"企业客户"模块),启动安全代理软件,选择"读取"项,通过两个"浏览"按钮分别到客户证书中选择相应的证书文件和私钥文件,然后点击确定,根据提示输入正确的密码,进入交易页面。根据界面提示选择交易,结合帮助信息客户可以自助完成操作。

公共客户在登录农行网上银行以后,可以进入"公共客户"模块,其中包括:银行卡余额查询、银行卡历史交易查询、银行卡密码修改、银行卡临时挂失、网上注册申请等服务。

(二)网上银行对企业财务人员的角色设定

1. 角色设定

网上银行通过客户证书对企业财务人员的角色进行区分，包括企业管理员和企业操作员。企业管理员的作用相当于企业的财务主管。操作员的作用相当于企业的经办会计。企业管理员可以对操作员进行具体分工和权限设置，也可以根据工作需要调整分工和权限，但无法直接动用账户资金。企业可以根据客户实际需要设置管理员 1～2 名(如果是 A、B 两名管理员模式下，A 管理员所做的部分重要操作，需要 B 管理员进行复核后才能生效)。企业操作员的工作是在管理员的授权范围内完成企业的网上业务。依据财务管理的需要，企业操作员最少应设两人，以保证业务的录入和复核相互独立。

2. 企业管理员对操作员进行账户及权限设置

(1)企业网上银行功能列表。

管理员功能	企业操作员管理	操作员基本信息维护，操作员冻结、操作员解冻、操作员转授权维护、操作员功能权限管理、操作员账户权限管理、业务属性维护、款项用途维护、网上缴费维护、收款方信息维护、授权书修改、操作员权限查询、操作员历史交易查询、转授权历史记录查询
	账户分层分组管理	账户层次定义、账户组别定义、账户层组定义
	信息查询	账户余额查询、账户明细查询、被拒绝交易查询、网上交易流水查询、未处理业务查询、网上收款明细查询、网上缴费查询
	集团理财	子公司账户查询、子公司账户明细查询、子公司当日交易查询、查询上划资金金额、查询下拨资金金额、查询下拨、上划明细
操作员功能	信息查询	账户余额查询、账户明细查询、被拒绝交易查询、贷款账户余额查询、贷款账户明细查询、网上交易流水查询、未处理业务查询、网上收款明细查询、操作员历史交易查询、转授权历史记录查询
	转账	内部转账、支付转账
	银行卡交易	银行卡内部转账、银行卡支付转账、公务报销
	集团理财	子公司账户查询、子公司账户明细查询、子公司当日交易查询、查询上划资金金额、查询下拨资金金额、查询下拨、上划明细、从子公司上划、向子公司下拨、子公司之间内部调拨、用子公司账户支付
	代收业务	批量代收文件上传、批量代收结果查询、代收授权账号查询
	代付业务	批量代付文件上传、批量代付结果查询、单笔代付
	电子工资单	电子工资单格式定义、电子工资单上传、电子工资单查询
	系统管理	转授权登录、款项用途维护、网上缴费维护、收款方信息维护
	复核打印	转账类交易复核、缴费类交易复核、预约类交易复核、批量代收交易复核、批量代付交易复核、交易发送

(2)管理员功能—操作员功能权限管理：图 5-33。

图 5-33

实例：假设某企业有管理员 1 人，操作员 3 人，注意管理员和操作员必须首先在注册网点进行登记才能生效。

1）管理员进入企业客户模块（登录过程略），点击"企业操作员管理"，选择"操作员账户管理"子目录，如图 5-34 所示。

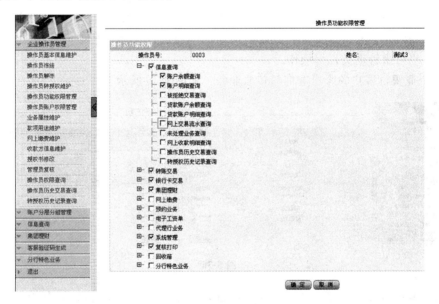

图 5-34

2）对列示的所有账户（网点已登记）选择合适的操作员，其中对一个账户的操作权限包括查询、录入、复核三种，复核一项需要填写数字，数字是代表对该账户的操作级别（各级别具体权限的设定方法将在以后进行介绍），数字越大级别越高，操作权限也越大，假设级别 1 的操作员可以复核 0～5000 元的业务，级别 2 的操作员则可以复核5000 元以上，级别 3 可以复核更高金额的业务。如图 5-35 所示。

图 5-35

3）企业管理员对操作员操作的金额权限进行设定

在前面的问题中已经介绍了管理员对账户的设置方法，这里将具体介绍操作员复核权限各个级别的具体设置问题。

管理员进入"企业客户"模块，选择"企业操作员管理"项中的"业务属性信息维护"子目录。

选择要设定的业务名称，如录入员录入企业网上支付转账等，输入各级的金额上限（最大操作权限），其下限就是低级别的上限。

在级别1~5项中填写的数字代表需要该级别的几个人进行复核，比如说在金额为5万~10万元的支付转账操作，其横向级别2和级别4两栏分别输入1和1，则说明此类业务在录入完毕后，必须由1名级别1的操作员和1名级别2的操作员分别进行复核方能生效。

"企业操作员管理"模块中，操作员功能权限管理、操作员账户权限管理和业务属性这三项功能是必须进行设置的，否则操作员不能进行交易；其他的几项功能可给予操作员，也可由管理员自行操作。

3. 企业银行客户的账户查询与转账业务：如图 5-36 所示。

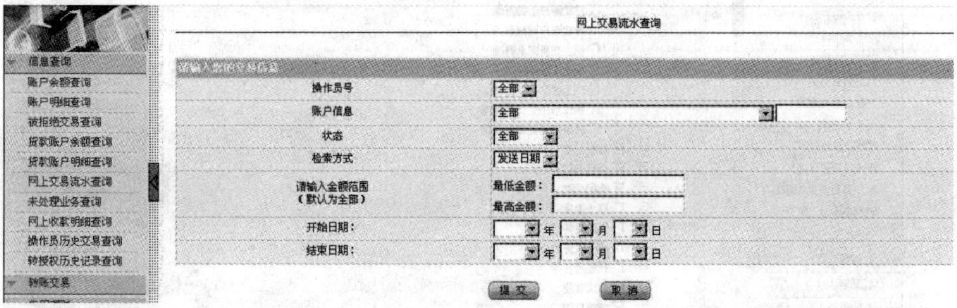

图 5-36

企业客户如果要查询账户的余额、明细，或是其他一些交易的情况，可以由具备操作权限的操作员使用客户证书登录网上银行系统，进入"企业客户"模块，打开"信息查询"选项，根据需要分别进入相应的子目录进行查询。具体如下：

（1）余额查询。进入"账户余额查询"子目录，选择需要查询的账户后提交交易。注意如果没有你要查询的账户，可能有两种情况：一是该账户没有在银行进行网上注册登记；二是此操作员没有对该账户的查询权限。

（2）账户明细查询。进入"账户明细查询"子目录，选择需要查询的账户以及查询的时间段后提交交易。

（3）对账单查询。进入"对账单查询"子目录，选择需要查询的账户和对账单页号后提交交易。此功能与"账户明细查询"的区别是是否按页号查询。

（4）被拒绝交易查询。进入"被拒绝交易查询"子目录，选择交易日期后提交。此功能主要是查询操作员在指定日期所做交易的最终审核结果，可以显示当天被复核员（另一操作员）或管理员拒绝的交易。操作员遇到此类交易时，应及时与拒绝方取得沟通，及时查明原因，以妥善的方式予以后续处理。

(5)网上缴费查询。此功能可以查询到最近一期缴费的明细情况。

(6)支票状态查询。进入"支票状态查询"子目录，选择要查询的账户、支票类型、支票的起始号码以后提交交易，可以显示支票是正常状态还是已经作废。

(7)贷款账户查询。查询方法与"余额查询"一样，可以查询到贷款的发放日、到期日、金额等信息。

(8)网银流水查询。主要功能是查询一段时间网上的交易明细。

4．企业银行的交易系统

(1)转账交易。

如图 5-37 所示。

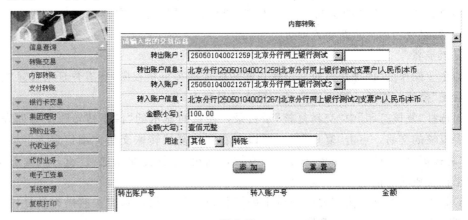

图 5-37

网上银行对支付转账和内部转账的界定主要是转入方账户不同。对内部转账而言，转入方账户必须是企业自己的账户，并且要求是在银行受理点办理了网上注册的账户。对支付转账而言，转入方账户主是指非企业自身账户，也就是说是该企业客户对其他企业的转账。

至于对转出方账户的要求，两种转账方式都是一样的，即必须是在银行网点进行了网上注册的企业账户。当然如果一个账户虽然是该企业的账户之一，但是企业没有在银行对该账户进行专门的注册登记，那么企业在转账时也只能作为支付转账处理。

(2)企业客户如何办理内部转账业务(图 5-38)。

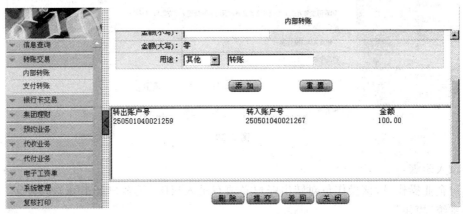

图 5-38

企业内部转账业务需要至少两个操作员，经过录入、复核两个步骤，方能正式生效。

录入步骤：

1）企业操作员（该操作员对转出账户必须有录入权限）凭客户证书和密码登录"企业客户系统"模块。

2）选择"转账交易"中"内部转账"子目录。根据页面提示，分别选择转出方账号、转入方账号，输入转账金额、用途等选项，按"添加"键（所录入的交易显示在下方空白方框中）。如果要录入的业务不止一笔，可以重复以上操作进行连续添加，待所有转账业务录入完毕以后，按方框下方"提交"，页面显示录入交易成功信息。

3）对已经添加成功的交易，如果发现有错误，可以先选中该笔交易，然后按"删除"键，删除成功后再重新录入即可。

复核步骤：

1）企业操作员（该操作员对转出账户和转账金额有审核权限）凭客户证书登录"企业客户系统"模块，按提示输入客户号、操作员号和密码。

2）选择"复核打印"中"交易复核"子目录，在页面显示的"待复核转账交易列表"中选择要复核的交易，点击"复核"键，可以查看到待复核转账交易详细信息，审核无误则按"复核提交通过"键，如果交易录入有误，则按"复核提交未通过"键，页面显示复核结果提交成功的信息。

3）如果该笔交易金额需要一个以上的操作员进行复核，则应按照操作员复核级别由低到高进行复核，复核步骤同上。

（3）企业客户办理支付转账业务。

企业客户办理支付转账业务，至少需要两个操作员分别进行录入、复核两个步骤（图5-39）。

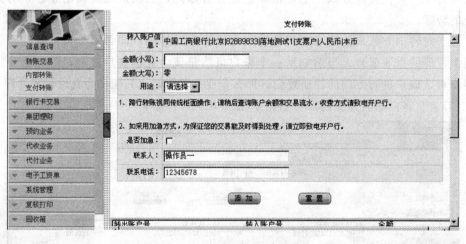

图5-39

录入步骤：

1）企业操作员（该操作员对转出账户必须有录入权限）凭客户证书和密码登录"企业客户系统"模块。

2)选择"转账交易"中"支付转账"子目录。根据页面提示,分别选择转出方账号、转入方账号,输入转账金额、用途等选项,按"添加"键(所录入的交易显示在下方空白方框中)。如果要录入的业务不止一笔,可以重复以上步骤连续添加,待所有转账业务录入完毕以后,按方框下方"提交",页面显示录入交易成功信息。

需要说明的是如果转入方账户不在下拉菜单内,则应在"确定方式"一项选择"未登记",操作员可以根据提示,登记转入账户的开户行、账号,以及账户性质等信息。

复核步骤与内部转账的复核一样。

(4)企业客户如何办理公务报销的业务

企业网上银行注册账户(单位卡)向本企业员工的个人农行卡中转账的电子指令,可用于实现差旅费的报销,如图5-40所示。

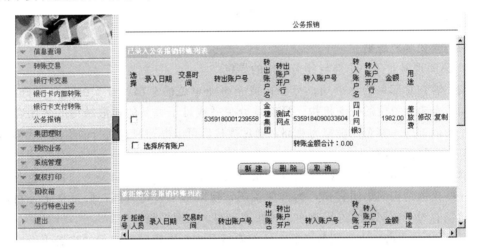

图 5-40

(5)企业客户如何办理代付业务

企业可通过单位结算账户向个人账户批量发放相关款项,如图5-41、图5-42所示。

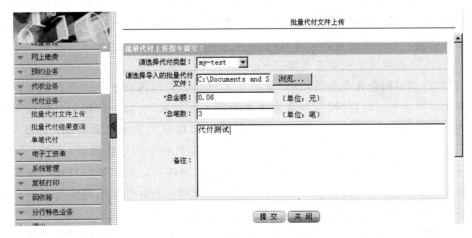

图 5-41

北京测试1　　　　0a999998962-0003　　　批量代付结果查询

已上传批量代付记录

	序号	录入日期	流水号	操作员	交易金额	状态	总笔数	成功笔数	成功金
☐	1	02006060915463755621	0003	60.00		批量交易审核未通过	3		
☐	2	02006060915473712662	0003	60.00		批量交易审核未通过	3		
☐	3	02006061211354561042	0003	6.00		批量交易待审核	3		
☐	4	02006061410231255390	0003	0.06		批量交易待审核	3		
☐	5	02006061614000964066	0003	0.06		批量交易待审核	3		

☐ 选择所有

删 除　　取 消

图 5-42

（三）集团客户理财

1. 集团理财业务中总部与分支机构的界定

集团客户总部可为总公司、母公司或企事业单位的总部，分支机构可为分公司、子公司或企事业单位的分支机构。没有总分关系或母子关系的松散结构的集团客户可将其集团内部的一家企业虚拟为总部，通过授权后可以办理网上银行的集团理财业务。

2. 申请集团理财业务

前面已经介绍了集团理财的服务对象不仅仅是具有实质控制关系的集团企业，也包括一些松散结构的集团客户，为方便说明，现以母子公司为例，假设是子公司授权母公司拥有对子公司账户进行查询、转账等权利，办理步骤如下：

（1）母子公司必须事先到各自所在地的农行开户行办理网上银行的注册手续，注册方法与一般企业相同。

（2）申请集团理财业务。子公司应正确填写《中国农业银行网上银行授权办理集团企业业务通知书》（以下简称《授权办理集团企业业务通知书》），并加盖账户预留印鉴、企业公章和法人代表签章，提交开户行。开户行完成集团客户授权操作后，网上银行系统将通知母公司已被授权。银行将交给子公司两份打印的授权通知书，其中一份子公司留存，另一份由子公司转交母公司。

3.《授权办理集团企业业务通知书》

《授权办理集团企业业务通知书》是企业客户办理集团理财业务的书面依据。客户申请集团理财业务时应在《授权办理集团企业业务通知书》明确授权级别。授权级别具体分为5级：0级——无授权；1级——查询分支机构账户的余额和明细；2级——将分支机构的款项上划总部账户；3级——总部在分支机构之间划拨款项；4级——总部使用分支机构账户对外支付。其中数字越大，级别则越高，级别高的授权包含级别低的授权。比如子公司在《授权办理集团企业业务通知书》中对母公司的授权级别登记的是4级，则表明0～4级授权的内容，母公司都可以享受到。

集团理财功能实现的前提条件是：母公司和子公司都要成为农行网上银行的注册客户，子公司要对母公司进行授权。

适用于所有总部及分支机构均在农业银行开有结算账户的集团（系统性）客户、集团(系统性)财务公司、一些松散结构的集团客户，如图 5-43 所示。

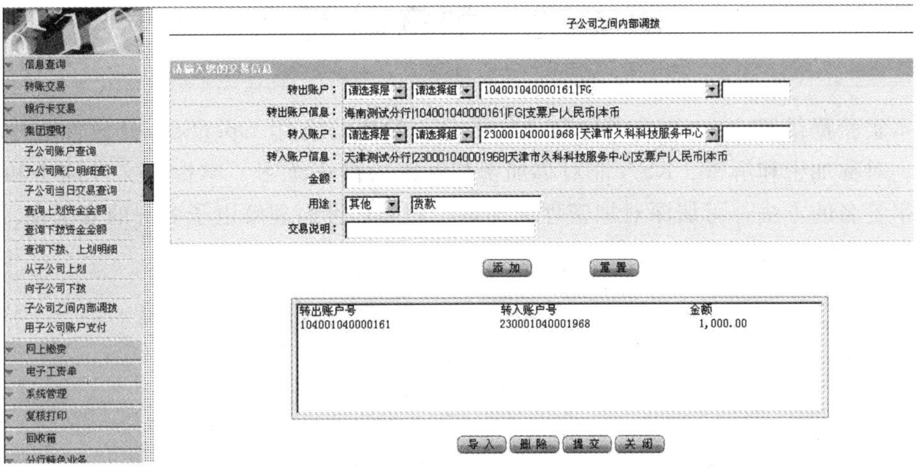

图 5-43

以上农行网上银行业务应以实际部门现行的操作指南为依据，这里只用于教学实验。

四、思考题

1. 个人银行的主要功能及操作步骤如何？

2. 企业银行的主要功能有哪些？

第6章　加密与解密

本实验提供了一个 OpenSSL 安全软件包,学生可利用 OpenSSL 开放源程序进行编码、对称加密和解密、RSA 非对称加密和解密的操作练习。掌握对文件加密和解密及数字签名的方法,可加深对加密理论知识的理解;进而理解电子商务的安全性。

▶ 实验 6.1　对源文件进行 Base64 编码与解码

什么是 OpenSSL?

OpenSSL 是一个基于密码学的安全开发包,OpenSSL 提供的功能相当强大和全面,囊括了主要的密码算法、常用的密钥和证书封装管理功能以及 SSL 协议,并提供了丰富的应用程序供测试或其他目的的使用。

OpenSSL 采用 C 语言作为开发语言,这使得 OpenSSL 具有优秀的跨平台性能,可以在不同的平台使用。OpenSSL 支持 Linux、Windows、BSD、Mac、VMS 等平台,所以 OpenSSL 具有广泛的适用性。

OpenSSL 整个软件包可以分成三个主要的功能部分:密码算法库、SSL 协议库以及应用程序。OpenSSL 的目录结构自然也是围绕这三个功能部分进行规划的。

1. 对称加密算法

OpenSSL 一共提供了 8 种对称加密算法,其中 7 种是分组加密算法,仅有的一种流加密算法是 RC4。这 7 种分组加密算法分别是 AES、DES、Blowfish、CAST、IDE-A、RC2、RC5,都支持电子密码本模式(ECB)、加密分组链接模式(CBC)、加密反馈模式(CFB)和输出反馈模式(OFB)四种常用的分组密码加密模式。其中,AES 使用的加密反馈模式(CFB)和输出反馈模式(OFB)分组长度是 128 位,其他算法使用的则是64 位。事实上,DES 算法里面不仅仅是常用的 DES 算法,还支持三个密钥和两个密钥3DES 算法。

2. 非对称加密算法

OpenSSL 一共实现了 4 种非对称加密算法,包括 DH 算法、RSA 算法、DSA 算法和椭圆曲线算法(EC)。DH 算法一般用户密钥交换。RSA 算法既可以用于密钥交换,也可以用于数字签名,及用于数据加密。DSA 算法则一般只用于数字签名。

3. 信息摘要算法

OpenSSL 实现了 5 种信息摘要算法,分别是 MD2、MD5、MDC2、SHA(SHA1)和 RIPEMD。SHA 算法事实上包括了 SHA 和 SHA1 两种信息摘要算法,此外,OpenSSL 还实现了 DSS 标准中规定的两种信息摘要算法 DSS 和 DSS1。

4. 密钥和证书管理

密钥和证书管理是 PKI 的一个重要组成部分,OpenSSL 为之提供了丰富的功能,支持多种标准。

首先，OpenSSL 实现了 ASN.1 的证书和密钥相关标准，提供了对证书、公钥、私钥、证书请求以及 CRL 等数据对象的 DER、PEM 和 BASE64 的编解码功能。OpenSSL 提供了产生各种公开密钥对和对称密钥的方法、函数和应用程序，同时提供了对公钥和私钥的 DER 编解码功能。并实现了私钥的 PKCS♯12 和 PKCS♯8 的编解码功能。OpenSSL 在标准中提供了对私钥的加密保护功能，使得密钥可以安全地进行存储和分发。

在此基础上，OpenSSL 实现了对证书的 X.509 标准编解码、PKCS♯12 格式的编解码以及 PKCS♯7 的编解码功能。并提供了一种文本数据库，支持证书的管理功能，包括证书密钥产生、请求产生、证书签发、吊销和验证等功能。

事实上，OpenSSL 提供的 CA 应用程序就是一个小型的证书管理中心（CA），实现了证书签发的整个流程和证书管理的大部分机制。

5. SSL 和 TLS 协议

OpenSSL 实现了 SSL 协议的 SSLv2 和 SSLv3，支持了其中绝大部分算法协议。OpenSSL 也实现了 TLSv1.0，TLS 是 SSLv3 的标准化版，虽然区别不大，但毕竟有很多细节不尽相同。

虽然已经有众多的软件实现了 OpenSSL 的功能，但是 OpenSSL 里面实现的 SSL 协议能够让我们对 SSL 协议有一个更加清楚的认识，因为至少存在两点：一是 OpenSSL 实现的 SSL 协议是开放源代码的，我们可以追究 SSL 协议实现的每一个细节；二是 OpenSSL 实现的 SSL 协议是纯粹的 SSL 协议，没有跟其他协议（如 HTTP）协议结合在一起，澄清了 SSL 协议的本来面目。

6. 应用程序

OpenSSL 的应用程序是 OpenSSL 重要的一个组成部分。现在 OpenSSL 的应用中，很多都是基于 OpenSSL 的应用程序而不是其 API 的，如 OpenCA，就是完全使用 OpenSSL 的应用程序实现的。OpenSSL 的应用程序是基于 OpenSSL 的密码算法库和 SSL 协议库写成的。

OpenSSL 的应用程序提供了相对全面的功能，主要包括密钥生成、证书管理、格式转换、数据加密和签名、SSL 测试以及其他辅助配置功能。

7. Engine 机制

Engine 机制的出现是在 OpenSSL 的 0.9.6 版的事情，开始的时候是将普通版本跟支持 Engine 的版本分开的，到了 OpenSSL 的 0.9.7 版，Engine 机制集成到了 OpenSSL 的内核中，成为了 OpenSSL 不可缺少的一部分。Engine 机制目的是为了使 OpenSSL 能够透明地使用第三方提供的软件加密库或者硬件加密设备进行加密。OpenSSL 的 Engine 机制使得 OpenSSL 不仅仅是一个加密库，还提供了一个通用地加密接口，能够与绝大部分加密库或者加密设备协调工作。

8. 辅助功能

BIO 机制是 OpenSSL 提供的一种高层 IO 接口，该接口封装了几乎所有类型的 IO 接口，如内存访问、文件访问以及 Socket 等。这使得代码的重用性大幅度提高，OpenSSL 提供 API 的复杂性也降低了很多。

OpenSSL 对于随机数的生成和管理也提供了一整套的解决方法和支持 API 函数。

随机数的好坏是决定一个密钥是否安全的重要前提。

OpenSSL 还提供了其他的一些辅助功能，如从口令生成密钥的 API，证书签发和管理中的配置文件机制等等。

什么是 Base64 编码？

按照 RFC2045 的定义，Base64 被定义为：Base64 内容传送编码被设计用来把任意序列的 8 位字节描述为一种不易被人直接识别的形式。

Base64 从概念上来说，是一种加密算法。但是加密的目的不是为了防止非法用户的破解，而是能达到一眼望去完全看不出内容即可。基于这个目的，Base64 加密算法的复杂程度要小，效率要高。同时有些网络应用要求只能传输 ASCII 字符，因此，对于传输二进制的数据流就遇到了问题。基于以上的一些主要原因产生了 Base64 编码。

Base64 编码把 3 个 8 位字节(3 * 8＝24)转化为 4 个 6 位字节(4 * 6＝24)，之后在 6 位的前面补两个 0，形成 8 位一个字节的格式。

例如：字符串"123"，"1"对应的 ASCII 码为 49，"2"对应的 ASCII 码为 50，"3"对应的 ASCII 码为 51，如下：

00110001 00110010 00110011

将以上 24 个字节分成 4 组，每组 6 个字节，如：

001100 010011 001000 110011

然后每组之前补两个 0，如下：

00001100 00010011 00001000 00110011

用十进制表示即为：

12，19，8，51

我们再根据如下 Base64 编码表，查出对应的编码。

Table 1　The Base 64 Alphabet

Value	Encoding	Value	Encoding	Value	Encoding	Value	Encoding
0	A	17	R	34	i	**51**	**z**
1	B	18	S	35	j	52	0
2	C	**19**	**T**	36	k	53	1
3	D	20	U	37	l	54	2
4	E	21	V	38	m	55	3
5	F	22	W	39	n	56	4
6	G	23	X	40	o	57	5
7	H	24	Y	41	p	58	6
8	**I**	25	Z	42	q	59	7
9	J	26	a	43	r	60	8
10	K	27	b	44	s	61	9
11	L	28	c	45	t	62	+

Value	Encoding	Value	Encoding	Value	Encoding	Value	Encoding
12	**M**	29	d	46	u	63	/
13	N	30	e	47	v		
14	O	31	f	48	w	（pad）	=
15	P	32	g	49	x		
16	Q	33	h	50	y		

因此 Base64 之后就是 MTIz。

如果原始字符不是 3 的整数倍，则将结果不够 6 位的用 0 来补上相应的位置，之后再在 6 位的前面补两个 0，例如要对字符串"1"进行编码，如下：

00110001

6 位一组，不够部分全部补零，如下：

001100 010000

然后每组之前补两个 0，如下：

00001100 00010000

用十进制表示即为：

12，16

分别对应 M，Q，剩余两位为空，用＝替代，编码结果为：

MQ＝＝

因此很多情况下，Base64 编码之后，可能会用＝＝结尾。

注意：根据 RFC822 规定，每 76 个字符，还需要加上一个回车换行。

Base64 解码的原理刚好相反，在此不再赘述。

一、实验目的

1. 了解 OpenSSL 软件的主要功能；

2. 掌握对源文件进行 Base64 编码和解码的整个过程；

二、实验内容

1. OpenSSL 软件的下载与安装；

2. 对源文件进行 Base64 编码；

3. 对加密文件进行 Base64 解码。

三、实验指导

1. OpenSSL 软件包的下载与安装

步骤 1：下载 OpenSSL 安装包，下载地址：http://download. csdn. net/source/ 593626，http://www. 136z. com/download/VC/1595. html

步骤 2：解压缩软件包至 C 盘根目录下，自动生成 OpenSSL 文件夹。

步骤 3：点击"开始"→"程序"→"附件"→"命令提示符"，打开"命令提示符"窗口。

步骤 4：在"C：＼Documents and Settings＼Administr"后键入"cd C：＼openssl＼ out32dll"，回车；进入到 openssl＼out32dll 的目录下。如图 6-1 所示。

图 6-1

2. 将某源文件转换成 Base64 编码文件（对源文件进行 Base64 编码）

步骤 1：生成源文件：用记事本创建文本文件（源文件），文件名为"name.txt"，内容自建，保存在 C:\openssl\out32dll 的文件夹下，如图 6-2、图 6-3 所示。

图 6-2

图 6-3

步骤 2：对源文件进行 Base64 编码：打开"命令提示符"窗口，进入到 openssl\out32dll 的目录下，用键盘输入命令"openssl enc-base64-in name.txt-out outname.txt"，输入后回车。执行结果如图 6-4 所示。系统在 C:\openssl\out32dll 目录下会自动生成一个经过 Base64 编码后的 outname.txt 文件。

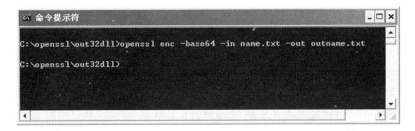

图 6-4

步骤 3：查看编码后的文件内容：在"命令提示符"窗口，输入命令"type outname.txt"，可查看 outname.txt 文件内容，或用记事本打开查看该文件内容。文件内容如图 6-5 所示。

图 6-5

3. 将某 Base64 编码文件转换成源文件(对加密文件进行 Base64 解码)

步骤 1：在"命令提示符"窗口，用键盘输入命令"openssl enc -base64 - d -in out-name.txt -out newname.txt"，输入后回车。生成的 newname.txt 文件是对加密文件进行解码后的新文件，即由加密文件还原的源文件。

步骤 2：比较解码后的文件与源文件：newname.txt 文件应与源文件 name.txt 文件的内容相同，输入命令"type newname.txt"，或用记事本打开查看该文件内容。文件内容如图 6-6 所示。

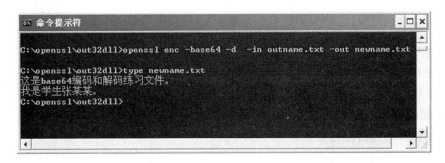

图 6-6

四、思考题

1. 简述 OpenSSL 的主要功能。

2. 简述对源文件进行 Base64 编码和解码的基本步骤。

实验 6.2　用对称加密法对文件进行加密与解密

对称加密采用了对称密码编码技术，它的特点是文件加密和解密使用相同的密钥，即加密密钥也可以用作解密密钥，这种方法在密码学中叫做对称加密算法，对称加密算法使用起来简单快捷，密钥较短，且破译困难，除了数据加密标准（DES），另一个对称密钥加密系统是国际数据加密算法（IDEA），它比 DES 的加密性好，而且对计算机功能要求也没有那么高。IDEA 加密标准由 PGP（Pretty Good Privacy）系统使用。图 6-7 是对称加密示意图。

对称加密算法在电子商务交易过程中存在几个问题：

（1）要求提供一条安全的渠道使通信双方在首次通信时协商一个共同的密钥。直接的面对面协商可能是不现实而且难于实施的，所以双方可能需要借助于邮件和电话等其他相对不够安全的手段来进行协商。

（2）密钥的数目难于管理。因为对于每一个合作者都需要使用不同的密钥，很难适应开放社会中大量的信息交流。

（3）对称加密算法一般不能提供信息完整性的鉴别。它无法验证发送者和接受者的身份。

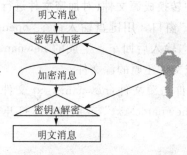

图 6-7

一、实验目的

1. 了解对称加密体系；

2. 掌握用对称加密的方法对文件进行加密与解密的过程。

二、实验内容

1. 对源文件进行对称加密；

2. 对密文件进行解密。

三、实验指导

1. 对源文件进行对称加密

步骤 1：生成源文件：用记事本创建文本文件（源文件），文件名为"desname. txt"，内容自建，保存在 C：\openssl\out32dll 的文件夹下，如图 6-8 所示。

步骤 2：对源文件进行对称加密：在"命令提示符"窗口，用键盘输入命令"openssl enc -des3 -in desname. txt -out outdesname. des"，输入后按回车键。在加密过程中系统会提示输入保护密码（如 123456），输入密码按回车键后，系统再次提示要求输入确认

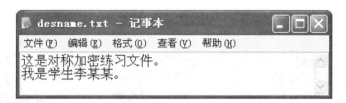

图 6-8

密码，输入密码时屏幕无任何显示。执行结果如图 6-9 所示。此时系统在 C:\openssl\out32dll 的目录下自动生成一个用 des3 算法加密后的 outdesname. des 文件。

说明：enc 命令是对称加密算法工具。它能够把数据用不同对称加密算法来加/解密。还能够把加密/解密结果进行 Base64 编码。

enc 命令格式：

openssl enc -ciphername ［-in filename］［-out filename］［-pass arg］［-e］［-d］［-a］［-k password］［-kfile filename］［-K key］［-iv IV］［-p］［-P］［-bufsize number］［-debug］

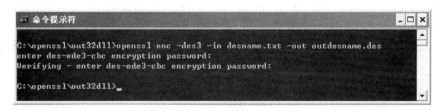

图 6-9

步骤 3：查看加密后的文件：在"命令提示符"窗口，输入命令"type outdesname. des"，可查看已为密文的 outdesname. des 文件内容，或用记事本打开查看该文件内容。文件内容如图 6-10 所示。

图 6-10

2. 对加密文件进行解密

步骤 1：在"命令提示符"窗口，用键盘输入命令"openssl enc-des3-d-in outdesname. des-out newdesname. txt"，输入后回车，并根据提示输入保护密码(123456)。生成的 newdesname. txt 文件是对加密文件进行解密后的新文件，即由加密文件还原的源文件。

步骤 2：比较解密后的文件与源文件：newdesname. txt 文件应与源文件 desname. txt 的内容相同，输入命令"type newdesname. txt"，或用记事本打开查看该文件内容。

以上操作如图 6-11 所示。

图 6-11

说明：OpenSSL 支持很多加密算法，不过一些算法只是为了保持向后兼容性，现在已不推荐使用，比如 DES 和 RC4-40。推荐使用的加密算法是 bf（Blowfish）和 -aes-128-cbc（运行在 CBC 模式的 128 位密钥 AES 加密算法），加密强度有保障。

加密示例：

openssl enc -aes-128-cbc -in myname. txt   -out outmyname. aes（回车后输入密码）

解密示例：

openssl enc -aes-128-cbc -d -in outmyname. aes   -out newmyname. txt（回车后输入密码）

如图 6-12、图 6-13 所示。

```
命令提示符                                                    _ □ ×
Microsoft Windows XP [版本 5.1.2600]
<C> 版权所有 1985-2001 Microsoft Corp.

C:\Documents and Settings\w>cd C:\openssl\out32dll

C:\openssl\out32dll>openssl enc -aes-128-cbc -in myname.txt -out outmyname.aes
enter aes-128-cbc encryption password:
Verifying - enter aes-128-cbc encryption password:
```

图 6-12

```
命令提示符                                                    _ □ ×
C:\openssl\out32dll>
C:\openssl\out32dll>openssl enc -aes-128-cbc -d -in outmyname.aes -out newmyname
.txt
enter aes-128-cbc decryption password:

C:\openssl\out32dll>type newmyname.txt
用公钥加密和用私钥解密的练习文件。
我是学生张某某。
C:\openssl\out32dll>_
```

图 6-13

四、思考题

1. 简述 enc 命令的功能。

2. 简述利用对称密钥对文件进行加密与解密的主要步骤。

实验 6.3　用 RSA 非对称加密法对文件进行加密与解密

什么是非对称加密算法？

1976 年，美国学者 Dime 和 Henman 为解决信息公开传送和密钥管理问题，提出一种新的密钥交换协议，允许在不安全的媒体上的通信双方交换信息，安全地达成一致的密钥，这就是"公开密钥系统"。相对于"对称加密算法"这种方法也叫做"非对称加密算法"。

与对称加密算法不同，非对称加密算法需要两个密钥：公开密钥（publickey）和私有密钥（privatekey）。公开密钥与私有密钥是一对，如果用公开密钥对数据进行加密，只有用对应的私有密钥才能解密；如果用私有密钥对数据进行加密，那么只有用对应的公开密钥才能解密。因为加密和解密使用的是两个不同的密钥，所以这种算法叫作非对称加密算法。

非对称加密算法实现机密信息交换的基本过程是：甲方生成一对密钥并将其中的一把作为公用密钥向其他方公开；得到该公用密钥的乙方使用该密钥对机密信息进行加密后再发送给甲方；甲方再用自己保存的另一把专用密钥对加密后的信息进行解密。甲方只能用其专用密钥解密由其公用密钥加密后的任何信息。如图 6-14 所示。

非对称加密算法的保密性比较好，它消除了最终用户交换密钥的需要，但加密和解密花费时间长、速度慢，它不适合于对文件加密而只适用于对少量数据进行加密。

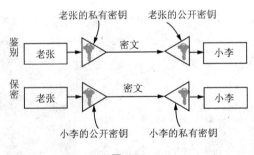

图 6-14

一、实验目的

1. 了解 RSA 非对称加密算法的原理；

2. 掌握 RSA 非对称加密法对文件进行加密与解密的操作步骤。

二、实验内容

1. 产生 RSA 非对称密钥；

2. 用公钥对文件加密和用私钥对文件解密；

3. 用私钥对文件加密（即签名）和用公钥对文件解密。

三、实验指导

1. 产生 RSA 非对称密钥

步骤 1：产生一个 1024 位长的私钥：在"命令提示符"窗口，用键盘输入命令"openssl genrsa -des3 -out myrsaCA. key 1024"，输入后按回车键，系统会提示用户输入保护密码（如 111111）。输入密码按回车键后，系统再次提示要求输入确认密码，输入密码时屏幕无任何显示。执行结果如图 6-15 所示。此时系统在 C：\openssl\out32dll 的目录下自动生成一个用于 存放 RSA 私钥的文件 myrsaCA. key。该私钥是使用三重 DES 加密算法生成的。

```
C:\openssl\out32dll>openssl genrsa -des3 -out myrsaCA.key 1024
Loading 'screen' into random state - done
Generating RSA private key, 1024 bit long modulus
...............................++++++
..++++++
e is 65537 (0x10001)
Enter pass phrase for myrsaCA.key:
Verifying - Enter pass phrase for myrsaCA.key:

C:\openssl\out32dll>
```

图 6-15

步骤 2：查看私钥内容：在"命令提示符"窗口，输入命令"openssl rsa -in myrsaCA. key -text -noout"，输入后按回车键，系统会提示用户输入前面设定的保护密码（即 111111），查看私有密钥文件中的私钥内容。如图 6-16 所示。

```
C:\openssl\out32dll>openssl rsa -in myrsaCA.key -text -noout
Enter pass phrase for myrsaCA.key:
Private-Key: (1024 bit)
modulus:
    00:af:46:0b:b2:6d:16:a9:75:ac:25:32:92:e9:3c:
    59:22:45:62:61:65:25:71:cb:af:b8:51:b1:37:39:
    20:a8:9d:68:4e:96:e4:84:05:5e:c4:0f:c0:7a:f7:
    1b:35:35:79:7f:11:8e:95:d7:40:cb:73:f2:f5:77:
    8d:c4:66:4f:cf:b9:01:73:f5:2c:9f:d1:1c:39:8b:
    7e:eb:88:0b:ee:3d:5f:79:44:91:12:7b:9c:7d:
    51:34:40:e0:66:38:33:dc:0a:8f:9f:27:80:19:bd:
    c7:51:f8:66:45:b4:5b:13:f5:13:1f:b3:28:2d:6f:
    e0:28:ca:19:60:17:bf:5c:61
publicExponent: 65537 (0x10001)
privateExponent:
    51:83:83:07:1d:22:cf:f6:d0:f3:8f:bc:b1:4a:06:
    ae:20:94:ab:75:0d:e0:09:79:94:80:31:a9:dc:20:
    ab:2a:8b:43:33:cd:8e:60:cf:43:30:22:6f:ef:
    b0:64:49:37:e6:63:68:9e:6e:1c:f0:b4:ca:a2:2a:
    45:6f:cb:a7:ab:7a:3b:e7:18:ff:2e:f7:0f:b8:58:
    72:22:18:10:28:42:dd:01:cd:ea:82:8b:3f:0a:84:
    51:d7:65:03:f0:51:c2:a3:f1:bc:b8:93:38:30:
    38:a5:ee:6c:3d:55:a8:60:3a:ba:78:35:5c:9d:4c:
    5d:b3:30:7b:10:00:39:51
prime1:
    00:d5:dd:ab:12:85:8c:13:8f:e3:cd:b9:6b:7d:6b:
    97:da:33:80:92:d7:f9:59:42:8d:43:0a:86:5b:a3:
    79:08:f9:8e:ab:64:66:84:7c:df:4e:3c:be:92:cd:
```

图 6-16

步骤3：导出公共密钥：在"命令提示符"窗口，输入命令"openssl rsa -in myrsaCA. key -pubout -out myrsapubkey. pem"，输入后按回车键，系统会提示用户输入前面设定的保护密码（即 111111），产生一个存放公钥的"myrsapubkey. pem"文件，如图 6-17 所示。

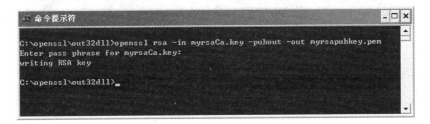

图 6-17

步骤4：查看公钥内容：在"命令提示符"窗口，输入命令"type myrsapubkey. pem"，查看文件"myrsapubkey. pem"中的公钥内容。如图 6-18 所示。

图 6-18

2. 用公钥对文件加密和用私钥对文件解密

步骤1：生成源文件：用记事本创建文本文件（源文件），文件名为"myname. txt"，内容自建，保存在 C:\openssl\out32dll 的文件夹下，如图 6-19 所示。

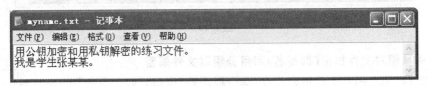

图 6-19

步骤2：用公钥对文件加密：在"命令提示符"窗口，输入命令"openssl rsautl -encrypt -in myname. txt -inkey myrsaCA. key -out pubmyname. enc"，输入后按回车键，系统会提示用户输入前面设定的保护密码（即 111111），输完密码后按回车键完成加密。可使用"type"命令查看加密后的文件。上述操作结果如图 6-20 所示。

步骤3：用私钥对加密文件解密：在"命令提示符"窗口，输入命令"openssl rsautl -decrypt -in pubmyname. enc -inkey myrsaCA. key -out newpubmyname. txt"，输入后

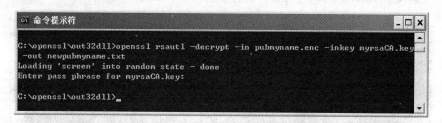

图 6-20

按回车键，系统会提示用户输入前面设定的保护密码（即 111111），输完密码后按回车键完成解密。上述操作结果如图 6-21 所示。

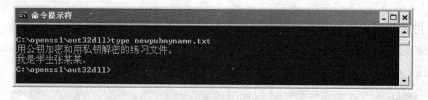

图 6-21

步骤 4：查看解密后的文件：在"命令提示符"窗口，输入命令"type newpubmyname.txt"，输入后按回车键可查看文件内容，判断是否与源文件 myname.txt 的内容一致。如图 6-22 所示。

图 6-22

3. 用私钥对文件加密（即签名）和用公钥对文件解密

步骤 1：用私钥对文件加密：在"命令提示符"窗口，输入命令"openssl rsautl -sign -in myname. txt -inkey myrsaCA. key -out primyname. enc"，输入后按回车键，系统会提示用户输入前面设定的保护密码（即 111111），输完密码后按回车键完成加密。如图 6-23 所示。

步骤 2：用公钥对文件解密：（类似对签名进行验证）：在"命令提示符"窗口，输入命令"openssl rsautl -verify -in primyname. enc -inkey myrsaCA. key -out newprimyname. txt"，输入后按回车键，系统会提示用户输入前面设定的保护密码（即 111111），输完密码后按回车键完成解密。如图 6-24 所示。

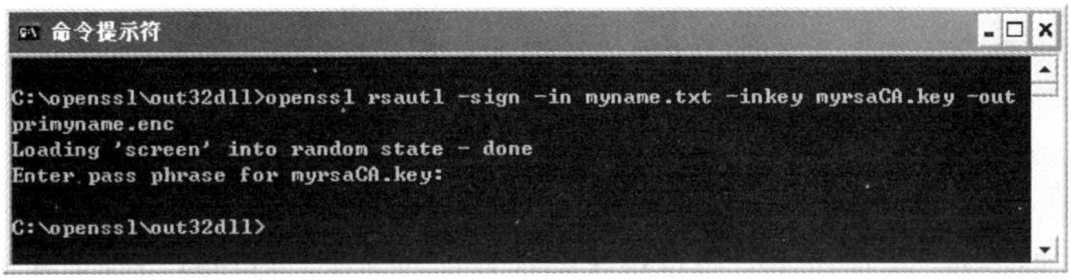

图 6-23

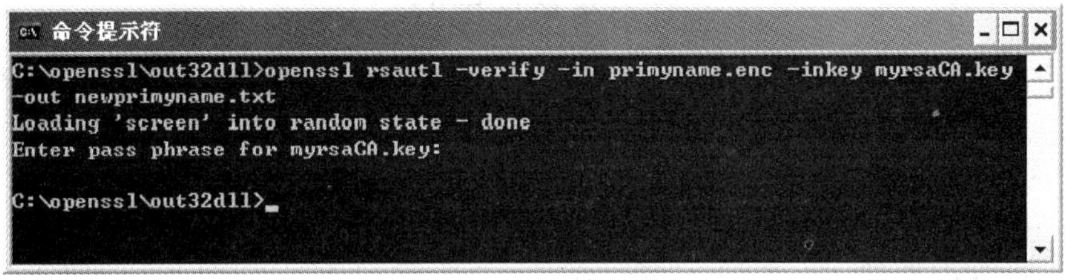

图 6-24

四、思考题

1. 简述私钥和公钥在加密过程中的功能。

2. 简述利用 RSA 非对称密钥对文件加密和解密的主要步骤。

▶实验 6.4　用 OpenSSL 生成数字证书

什么是数字证书？

数字证书(digital ID)又称为数字凭证，数字标识，是一个经证书认证机构(CA)数字签名的包含用户身份信息以及公开密钥信息的电子文件，是用电子手段来证实一个用户的身份和对网络资源访问的权限。是各实体(消费者、商户/企业、银行等)在网上进行信息交流及商务活动的电子身份证。

数字证书基于公钥技术。采用公钥技术可以确保网上交易的安全性，但前提是必须确保用户所使用的正是另一通信方正确的公钥。如果入侵者用其他公钥值替代了有效的公钥值，那么加密信息内容就会被泄露给非预期的通信方，信息的安全保密性就会受到影响。采用数字证书可以很好地解决这一问题，每一个证书包含了证书主体的一个公钥值和对其所作的无二义性的身份确认信息，这样就把用户身份和他的公钥绑定在一起。证书本身不需要保密，又因为证书中包含了认证机构的数字签名，所以具有自我保护功能，不可能被入侵者篡改，这样数字证书同时也能起到公钥分发的作用。

从证书的使用者来看，数字证书可分为个人数字证书、机构数字证书和设备数字证书。

1. 个人数字证书：证书中包含个人身份信息和个人的公开密钥，用于标识证书持有人的个人身份。

2. 机构数字证书：证书中包含企业信息和企业的公开密钥，用于标识证书持有企业的身份。

3. 设备数字证书：证书中包含服务器信息和服务器的公开密钥，用于标识证书持有服务器的身份。

从证书的用途来看，数字证书可分为签名证书和加密证书。

1. 签名证书：主要用于对用户信息进行签名，以保证信息的不可否认性。

2. 加密证书：主要用于对用户传送的信息进行加密，以保证信息的真实性和完整性。

什么是认证中心？

认证中心(CA，Certification Authority)就是承担网上安全电子交易认证服务、签发数字证书、并能确认用户身份的服务机构。认证中心通常是企业性的服务机构，主要任务是受理数字证书的申请、签发数字证书，以及管理数字证书。

一、实验目的

1. 了解 CA 证书在电子商务中的用途；

2. 掌握用 OpenSSL 软件包模拟 CA 中心申请和颁发数字证书的方法。

二、实验内容

1. 配置文件；

2. 生成根证书；

3. 为用户(服务器、个人)颁发证书。

三、实验指导

1. 配置文件

步骤 1：在"命令提示符"窗口，输入命令"md mycrt"，系统即创建一个用于存放证书的文件夹。如图 6-25 所示。

图 6-25

步骤 2：输入命令"cd mycrt"，按回车键进入 mycrt 文件夹。输入命令"copy C:\openssl \openssl. cnf C:\openssl\out32dll\mycrt"，按回车键。即把"openssl. cnf"文件拷贝到"mycrt"文件夹中。如图 6-26 所示。

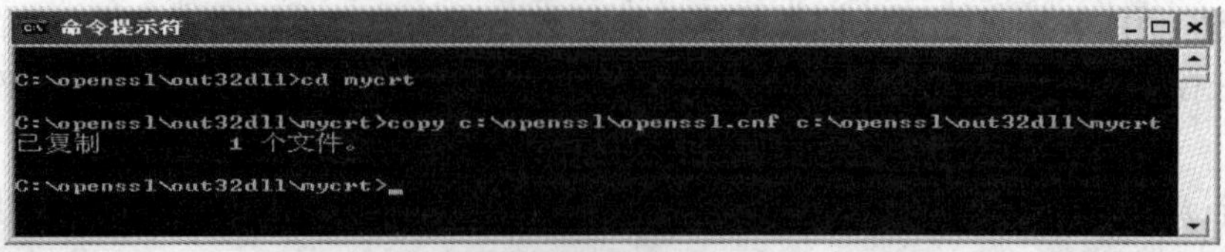

图 6-26

按同样步骤，拷贝其他 3 个文件到 mycrt 文件夹中，命令如下：

(1)拷贝文件 index. txt，命令为"copy　C:\openssl \apps\demoCA\index. txt C:\openssl \out32dll \mycrt"，输完按回车键。

(2)拷贝文件 index. txt. attr，命令为"copy　C:\ openssl \ apps \ demoCA \ index. txt. attr　C:\openssl \out32dll \mycrt"，输完按回车键。

(3)拷贝文件 serial，命令为"copy　C:\openssl \apps\demoCA\serial　C:\openssl \out32dll \mycrt"，输完按回车键。

以上命令执行结果如图 6-27 所示。

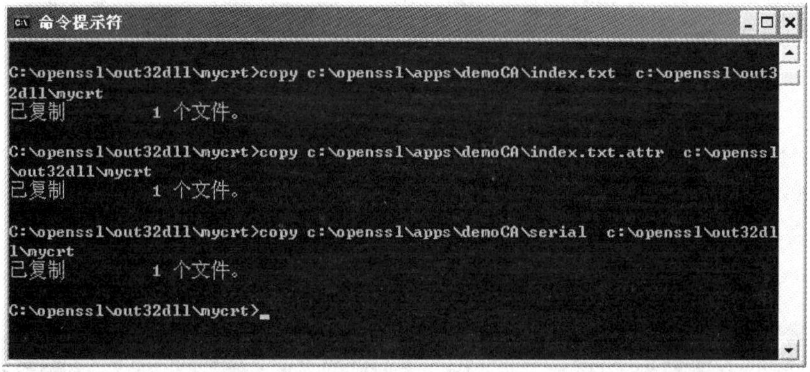

图 6-27

步骤 3：输入命令 dir，查看是否把 4 个文件拷贝到 mycrt 文件夹。如图 6-28 所示。本实验中文件已经拷贝完成。

图 6-28

2. 生成根证书

步骤 1：为 CA 创建一个 RSA 私钥：在"命令提示符"窗口，输入命令"set path＝C:\ openssl \out32dll;％ path％"，按回车键后，再输入命令"openssl genrsa -des3 -out ca. key 1024"，并根据提示输入保护密码(如 123123)，回车后系统生成一个存放私钥密码的 ca. key 文件。如图 6-29 所示。

图 6-29

步骤 2：输入命令"openssl req -new -x509 -days 3650 -key ca. key -out cacert. crt -config openssl. cnf"，输完后按回车键。系统提示输入国家代号、省份名称、城市名称、公司名称、部门名称、用户姓名及 E-mail 地址。输入完成后按回车键确认，生成根证书"cacert . crt"，如图 6-30 所示。

图 6-30

3. 为用户(服务器、个人)颁发证书

为用户颁发证书的操作流程：先用"genrsa"命令为用户生成私钥，再用"req"命令生成证书签署请求；最后用"x509"生成证书。

步骤 1：生成私钥：在"命令提示符"窗口，输入命令"openssl genrsa -des3 -out hebei. key 1024"，按回车键，根据系统提示输入用户私钥的保护密码(如 222222)，按回车键即生成用户私钥。如图 6-31 所示。

步骤 2：生成证书签署请求：输入命令"openssl req -new -key hebei. key -out hebei. csr -config openssl. cnf"，输完按回车键，即生成证书签署请求。如图 6-32 所示。

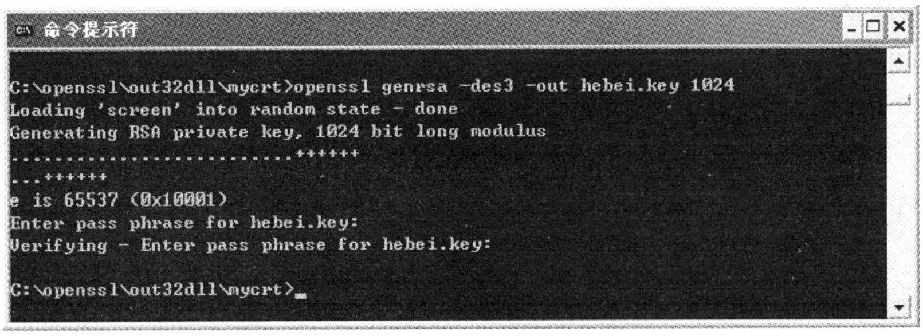

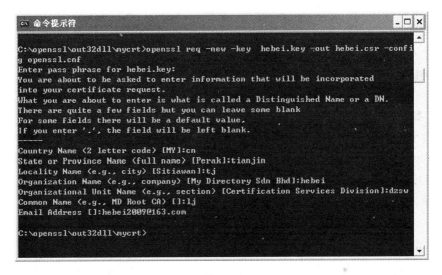

图 6-31

图 6-32

步骤 3：生成证书：输入命令"openssl x509 -req -in hebei. csr -out hebei. crt -CA cacert. crt -CAkey ca. key -days 600"，根据系统提示输入 RSA 私钥保护密码（即 222222），生成客户证书 hebei. crt。如图 6-33 所示。

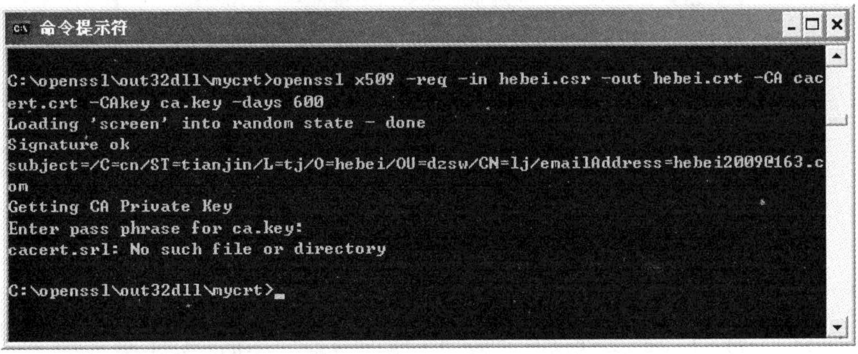

图 6-33

四、思考题

1. 简述为用户颁发证书的步骤。

2. 简述申请 CA 证书的过程。

实验 6.5　通过 Outlook Express 收发安全电子邮件

一、实验目的

1. 了解 CA 证书在电子商务中的用途；

2. 掌握用 OpenSSL 软件包模拟 CA 中心申请和颁发数字证书的方法。

二、实验内容

1. 设置邮件帐号；

2. 导入证书；

3. 将证书赋给帐号；

4. 对电子邮件进行数字签名和加密。

三、实验指导

1. 设置邮件帐号

打开 Outlook Express，选取"工具""菜单中的帐号，进行邮件帐号的设置，具体操作步骤按向导提示进行。

2. 导入证书

在 Outlook Express 窗口"工具/选项"，选择安全选项卡，单击数字标识，按向导提示导入个人证书。如图 6-34、图 6-35、图 6-36、图 6-37、图 6-38、图 6-39、图 6-40、图 6-41 所示。

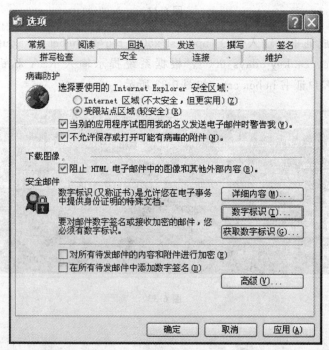

图 6-34

图 6-35

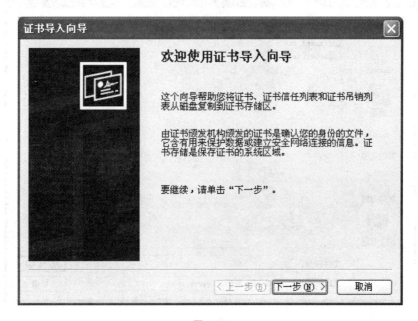

图 6-36

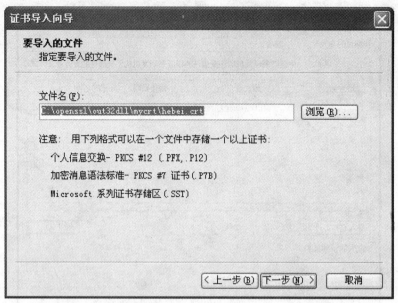

图 6-37

图 6-38

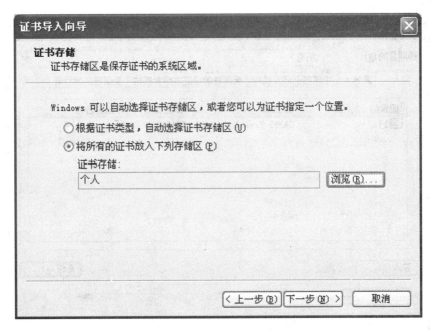

图 6-39

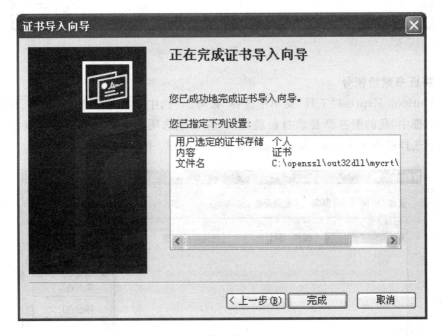

图 6-40

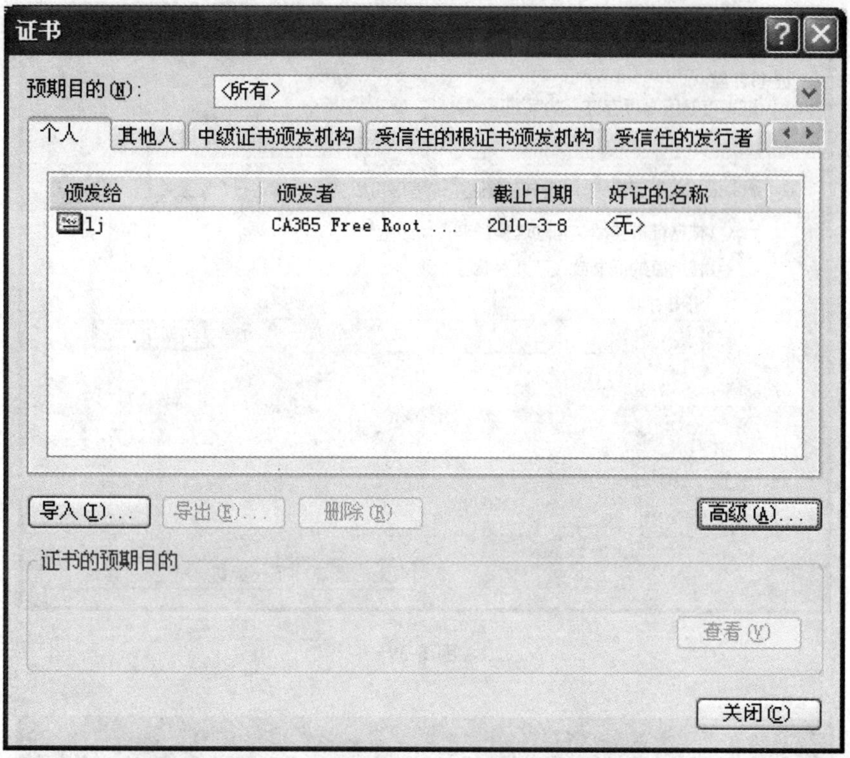

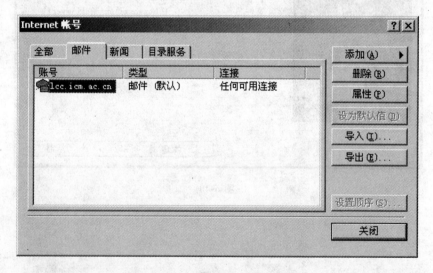

图 6-41

3. 将证书赋给帐号

从 Outlook Express"工具"菜单中选择"帐号",选中一帐号,单击属性,在服务器选项卡中选中"我的服务器要求身份验证",在安全选项卡中,分别在签署证书、加密首选项中选择前面导入的证书。操作步骤参见图 6-42、图 6-43、图 6-44。

图 6-42

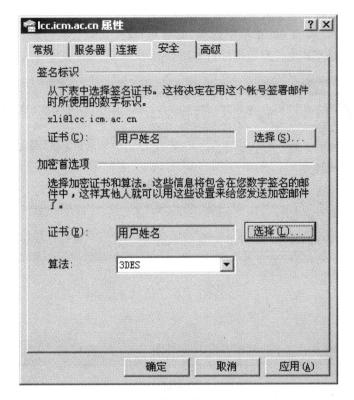

图 6-43

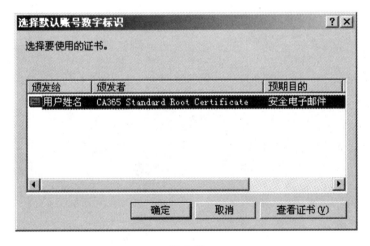

图 6-44

4. 对电子邮件进行数字签名和加密

步骤 1：发送签名邮件前必须正确安装了自己的"电子邮件保护证书"（要使用的电子邮件必须与申请证书时填写的电子邮件一致）。发送邮件时从"工具"菜单中选择"签名"，收件人地址栏后面出现"签名"标志。输入对方邮件地址及其他，发送邮件。

步骤 2：发送加密邮件前必须正确安装了对方的"电子邮件保护证书"，只要请对方用他的"电子邮件保护证书"给你发送一个签名邮件，证书会自动安装，并与对方 E-mail

地址绑定，否则就要手工安装对方"电子邮件保护证书"（只含有公有密钥，可以向对方索取）。发送邮件时从"工具"菜单中选择"加密"，收件人地址栏后面出现"加密"标志。输入对方邮件地址及其他，发送邮件。如图 6-45 所示。

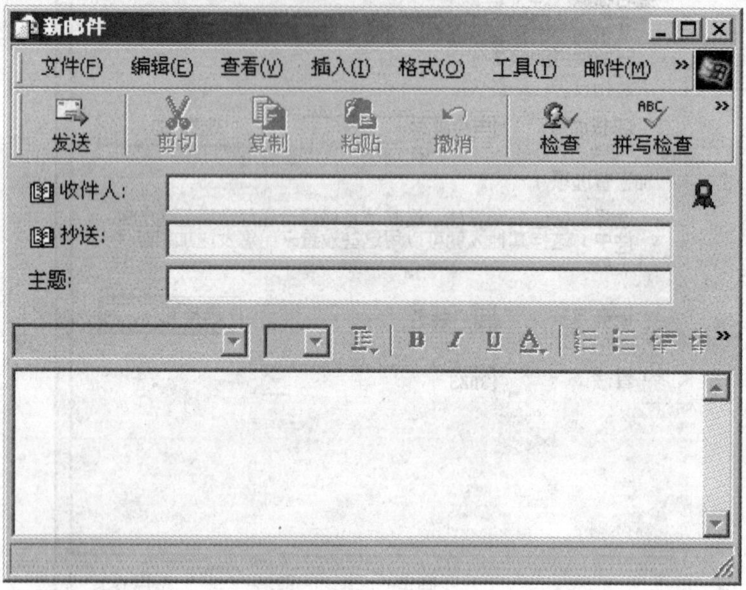

图 6-45

第 2 篇　针对《德意电子商务实验》软件进行的模拟实验

系统简介

1. 系统概述

该系统的设计参考了当前网上各类知名电子商务平台,如阿里巴巴、易趣、亚马逊、ebay 等大型电子商务网站,同时吸取了大量从事电子商务教学的教师、电子商务研究专家的意见,完成了系统的整体构架。其中包含了对各类电子商务平台进行仿真模拟,界面和流程的设计与当前网络上真实环境相一致;同时根据教学需要,辅以强大的教学管理平台,将实践与教学完美结合。

系统根据实际教学需要,以方便教学、提高教学质量为目的,采取三位一体的设计方式,即将系统管理员、教师、学生融于教学平台之中。管理员以对系统的初始设置和维护为主;教师以教学管理为主,如管理学生,各模块后台管理员设置;学生通过担任不同角色,在系统中进行模拟实验。

根据实验内容和功能,分成网上交易模块、网络运营模块和电子商务应用模块。各模块之间关联紧密,环环相扣,数据统一,形成一个社会商务环境。用户在使用过程中不必再输入各种烦琐的数据,一个用户数据多个模块共享。

2. 系统特点

(1)软件采用 B/S 结构,客户端无须安装,系统的维护、升级集中在服务器端完成,易于部署和使用。

(2)操作简单方便。系统基于 Web 模式,界面友好,操作灵活,使用者只需通过浏览器即可以实现端到端的操作与管理。

(3)系统仿真性强。各模块模仿当前网络真实环境,同时又配以完善的后台管理,能够协助学生学习和理解所学的内容。

(4)数据结构设计合理。学生在系统中模仿的角色环环相扣,同时在处理中又不失灵活多变的特性,更方便学生理清思路,了解流程。

(5)系统结构完整,功能模块齐备,从各个角度满足不同层次教学的需要。不仅有网上交易模块,还增加了网上办公模块、网络运营模块、电子商务应用模块,都是目前企事业单位开展电子商务和进行信息化建设比较流行和实用的内容,使得实验结构更加合理,保证了学习的全面性和知识的先进性。

(6)系统包含有许多趣味性很强的内容,提高学生对实验的兴趣,让学生在游戏当中学习。

3. 实验总述

电子商务模拟实验包括网络商务信息检索与利用、电子支付、网上购物、网上拍卖、B2B 交易、第三方物流、CA 认证、网络营销等实验，较好地涵盖了电子商务不同的应用形式，学生通过电子商务模拟实验，掌握电子商务概念性知识，了解各种典型的电子商务模型。

学生实验时分别模拟扮演商务机构、个人和后台管理员角色。商务机构角色（包含供应商、采购商、物流配送、金融机构、第三方信任机构、企业管理者）；个人角色（包含买方、卖方）。首先学生以公司、个人身份分别进行注册；在网上银行申请企业账户和个人银行账户，系统为企业账号分配 1 万元，为个人账号分配 1 万元；然后发布商品供求信息、采购商品、网上支付、物流配送、买方提货等。

第 7 章　B2C 交易

本实验提供了一个电子商城网站，学生从网上模拟购物，网上支付，到后台进行销存管理，可以在一个完整的全真模拟环境内进行 B2C 商务等实际操作，从而了解网上商店的业务过程及其后台的运营、维护、管理等活动。B2C 包含消费者和商户两种角色，学生分别以这两种身份模拟 B2C 电子商务活动。该模块主要功能：网上购物、网站的经营管理功能、网站经营报表管理功能、消费论坛、网上订单接收、E-mail 自动收发、对销售商品进行统计、分析、对会员购买商品进行统计、分析等功能。

▶实验　B2C 前台——个体消费者网上购物

B2C 前台购买流程，如图 7-1 所示。

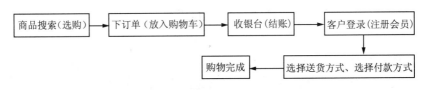

图 7-1　B2C 前台购买流程

一、实验目的

1. 了解网上商店的结构和特点；

2. 掌握网上购物的流程；

3. 观察网上购物的特点和存在的问题。

二、实验内容

1. 申请电子邮箱；

2. 网上银行申请个人账户；

3. 查询和选择购买商品；

4. 电子商城注册会员；

5. 网上支付货款；

6. 查询订货状态；

7. 购物信息反馈。

三、实验指导

1. 申请电子邮箱

在做实验之前，首先要申请一个电子邮箱。这个邮箱只能在该软件中使用，不能在 Internet 上使用。打开 IE 浏览器，在地址栏中输入服务器的 IP 地址"127.0.0.1/ECP"，进入电子商务师实验室首页，如图 7-2 所示，选择"网络营销/前台/电子邮件"。

进入电子邮件页面，在这个页面中可以申请电子邮件、设置电子邮箱帐号、收发电子邮件，还可以订阅电子杂志。首先注册新的 E-mail 帐号，填写个人信息，邮件服

图 7-2　电子商务师实验室首页

务器为"mail. ecp. net"，单击"提交"按钮；然后设置 E-mail 帐号，最后使用 E-mail 收发电子邮件，邮箱地址为"用户名@ecp. net"，如图 7-3 所示。

图 7-3　注册 E-mail 帐号

2. 网上银行申请个人账户

详见第 10 章网上支付，申请"网略卡"或"德意卡"每个卡提供 1 万元用于消费。

3. 查询和选择购买商品

(1)购物：选择"电子商务模式/前台/B2C 模式"，进入 B2C 商场主页面，如图 7-4 所示。浏览商品，选中要购买的商品，点击"立即购买"，出现购物车。

(2)购物车：可对所选商品的数量进行更改，点击"重新计价"；如还想购买其他商品，请点击"继续购买"；选定所有商品后，到收银台付款，如图 7-5 所示。

4. 电子商城注册会员

当选择去收银台付款时系统会提示你登录

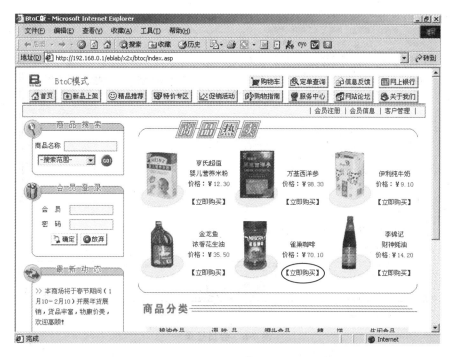

图 7-4　B2C 网上商场主页面

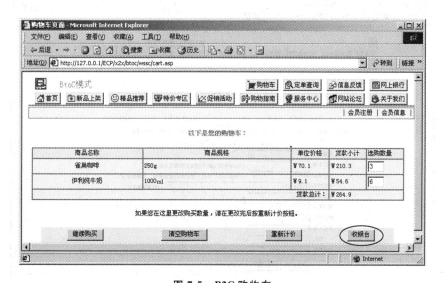

图 7-5　B2C 购物车

（1）会员登录：如已是会员，则输入会员名和密码，进行会员登录。如图 7-6 所示。

（2）新会员注册：如是首次登录该商场，要进行新会员注册，输入用户名、密码，单击"新会员注册"，进入新会员注册页面，如图 7-7 所示。填写新会员有关信息，然后提交。（注意：购买方式选"个人购买"）。

新会员注册成功进入图 7-8，单击"继续结算"。

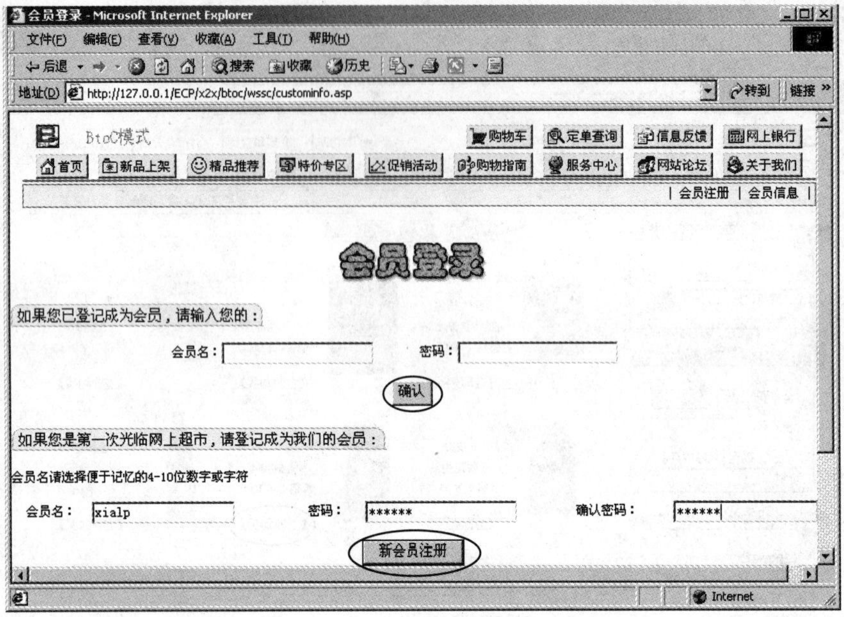

电子商务实验指导

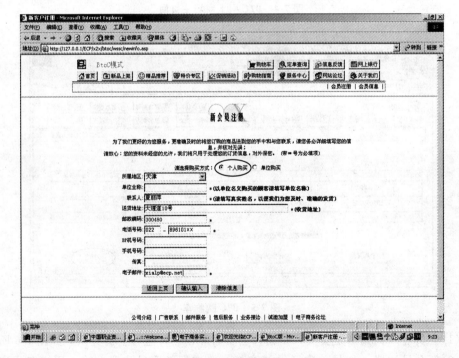

图 7-6　会员登录

图 7-7　新会员注册

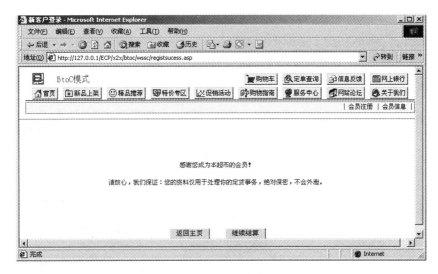

图 7-8　继续结算

5. 网上支付结算货款

(1)结算：在收银台页面显示你购买商品的明细；可任意选择付款方式和送货方式，这里选"网上在线支付""送货上门"，以后再用其他付款方式，如图 7-9 所示。

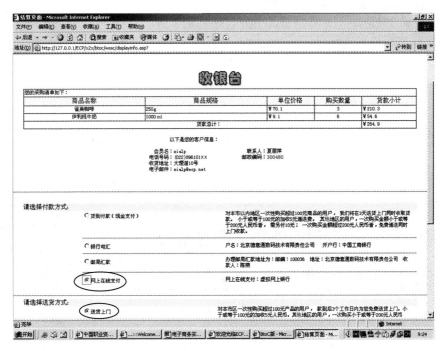

图 7-9　选择付款方式和送货方式

(2)支付货款：商家对客户发送订单电子邮件，生成系统单号，用户可到个人邮箱中接收相应信息。记住系统单号，以便查询，选择"虚拟银行网略卡支付"，如图 7-10 所示。

实训提醒：这里的订单号你一定要记下，以方便进行订单查询及相关操作。

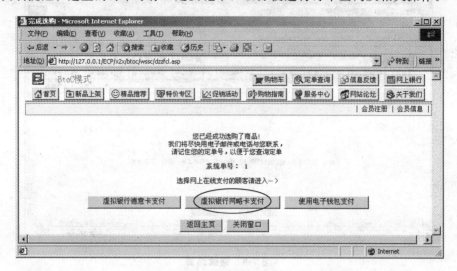

图 7-10　购物订单号

（3）网上银行登录：在图 7-11 页面，输入虚拟银行账号和 PIN 码登录。

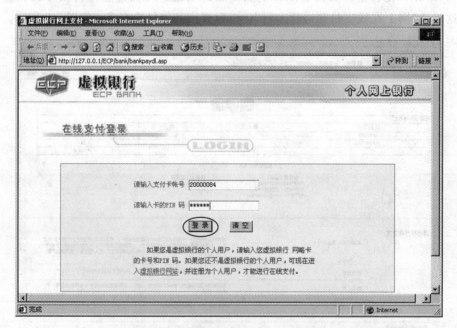

图 7-11　在线支付登录

（4）支付确认：在图 7-12 显示支付信息页面，确认无误后，单击"确定"。

（5）支付成功，系统显示定单号、交易额、账户余额等信息，如图 7-13 所示。

6. 查询订货状态

单击"B2C 主页/定单查询"，进入查询定单页面，输入系统单号，单击"查询定单"
按钮即可查询，如图 7-14 所示。

系统显示该订单当前信息，如图 7-15 所示，随时间的不同可继续进行定单查询，

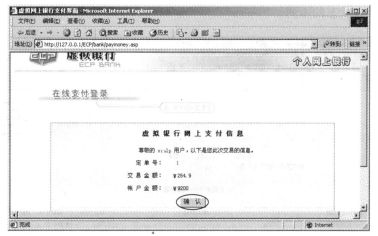

图 7-12 支付信息

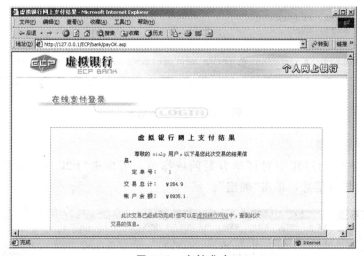

图 7-13 支付成功

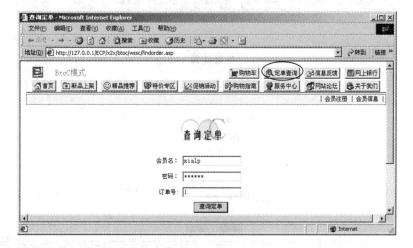

图 7-14 定单查询

注意定单的处理状态的不同。

图 7-15　定单查询结果

7. 购物信息反馈

如果客户在购物过程中对订单有疑问或撤单，可单击"B2C 主页/信息反馈"，如图 7-16 所示，填写信息，单击"确定"。

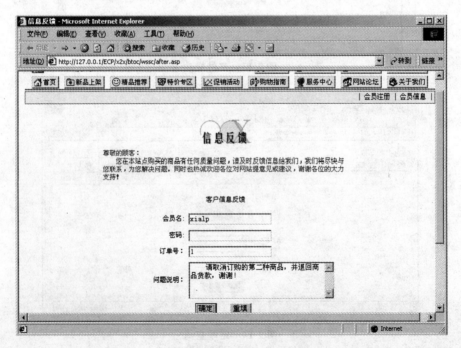

图 7-16　客户信息反馈

系统提示信息已收到，如图 7-17 所示。

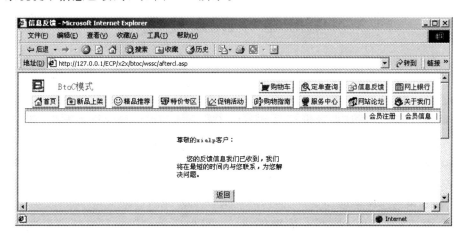

图 7-17　系统提示信息

四、思考题

1. 简述 B2C 购物流程。

2. 简述网上购物的优势。

第 8 章　B2B 交易

该模块提供了企业相互之间的交易服务平台，学生们通过对 B2B 交易平台的操作，可以熟悉并了解 B2B 电子商务主要的业务流程及 B2B 电子商务的后台管理活动。学生以分公司、经销商、配送点身份模拟 B2B 电子商务活动。如企业产品发布、产品查询及产品维护、网上签约购买、在线购买、货款支付、订单交易、企业数据维护、客户管理等。该模块具备以下功能：分公司管理、经销商管理、经销商信用管理、供应商管理、交易中心、售后服务管理等功能。

1. B2B 中的三种角色

分公司：各地的生产型企业的销售部门。审批经销商资格、与经销商进行交易、向配送点发货、查询订单等。

经销商：各地的销售型企业。向分公司申请经销商资格、与分公司进行交易、接收货物、查询定单等。

配送点：B2B 运营平台在各地自建的物流配送点。收货、发货、库存管理等。

其中："发货单"是"分公司"对"配送点"，"送货单"是"配送点"对"经销商"。

2. B2B 的运作模式

如图 8-1 所示。

3. B2B 业务流程

如图 8-2 所示。

图 8-1　B2B 的运作模式

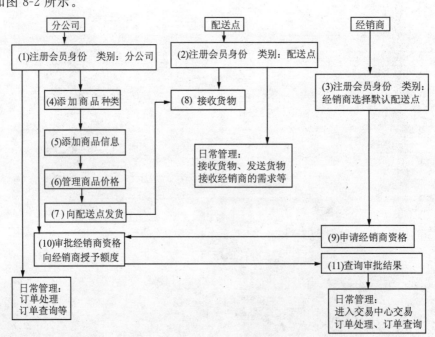

图 8-2　B2B 业务流程

4. 经销商三种付款方式

（1）银行汇款或现金支付：分公司需要经销商对订单进行二次确认，流程如图 8-3 所示。

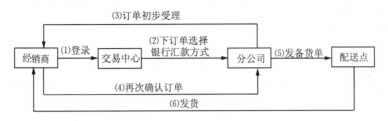

图 8-3　银行汇款、现金支付流程

（2）网上支付或额度支付：货款直接划拨到分公司，不需要订单二次确认，流程如图 8-4 所示。

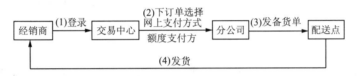

图 8-4　网上支付、额度支付流程

（3）额度付款：只有分公司审批通过了经销商的经销资格之后，经销商才能与该分公司交易。"额度"是分公司根据经销商的信誉度，分配给经销商的。支付流程与网上支付流程相同，如图 8-4 所示。

5. 注意事项

只有分公司审批通过了经销商的经销资格之后，经销商才能与该分公司交易。

"额度"是分公司根据经销商的信誉度，分配给经销商的。

分公司在管理商品时，应先增加商品品种，然后增加具体商品，最后管理价格。

▶实验 8.1　交易中心会员注册

一、实验目的

掌握会员注册的步骤。

二、实验内容

填写注册信息。

三、实验指导

1. 网上银行申请企业账户，并在账户内存入一定的金额。详见第 10 章网上支付。

2. 分别以分公司、经销商、配送点身份注册。

选择"电子商务模式/前台/B2B 模式"，进入 B2B 商场主页面，单击会员注册，进入会员注册页面。（1）接受注册协议，（2）填写相关信息，税号随意填写 15 位数字，（3）单击"下一步"，如图 8-5 所示。

电子商务实验指导

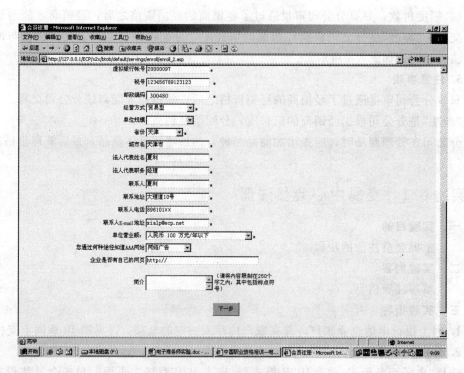

图 8-5　填写注册信息

　　注册成功后，单击 B2B 主页"会员信息"，在会员信息页面中会看到你的注册信息，如图 8-6 所示。

102

图 8-6　注册会员信息列表

单击某一公司，显示该公司详细信息，如图 8-7 所示，单击"修改会员信息"对公司的信息进行修改。

图 8-7　公司详细信息

实训提醒：会员身份类别为：生产型选择分公司，贸易型选择经销商，物流型选择配送点。

实训提醒：会员注册成功后必须到 CA 认证中心获取证书后方能进行电子商务活动，详见第 11 章 CA 认证。

四、思考题

1. 经销商注册信息与 B2C 中个体消费者注册有何区别？

2. 比较经销商、分公司和配送点等注册信息结构的区别并分析原因。

▶实验 8.2　申请经销商资格

一、实验目的

掌握申请经销商的步骤。

二、实验内容

1. 申请经销商资格；

2. 分公司审批经销商资格；

3. 分公司设置经销商信誉级别、分配额度；

4. 经销商查看审批结果。

三、实验指导

1. 申请经销商资格

(1)经销商登录：B2B 主页/会员登录，如图 8-8 所示，单击"经销商登录"。

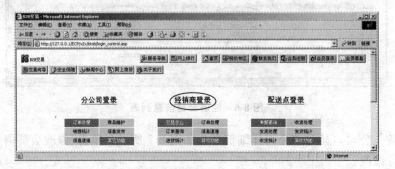

图 8-8　会员登录

经销商输入帐号、密码登录或系统默认帐号、密码 testbb1 登录，如图 8-9 所示。

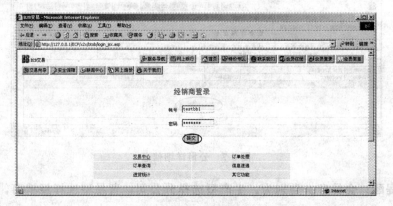

图 8-9　经销商登录

登录成功后，进入经销商管理区页面，如图 8-10 所示，单击"经销商申请"。

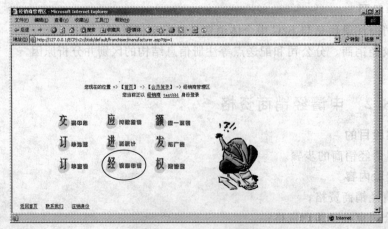

图 8-10　经销商管理区

(2)查找生产厂家：进入查找生产厂家页面，输入生产厂家的名称、地址，单击"查找"，如图 8-11 所示。

图 8-11　经销商查找生产厂家

(3)查看生产厂家详细信息：在图 8-12 显示查找到的有关生产厂家列表，单击"我想加入"，即可查看某一生产厂家的详细信息，如图 8-12 所示。

图 8-12　经销商选择生产厂家

(4)递交申请：如想成为生产厂家的经销商，在如图 8-13"生产厂家情况"页面中，单击"申请成为经销商"按钮。

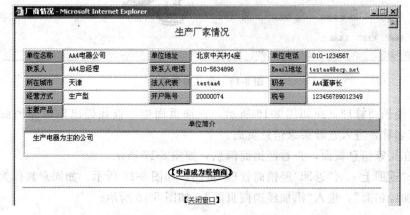

图 8-13　经销商查看生产厂家情况

申请成功，系统提示你"已经提交你的申请，请静候佳音"。此时生产厂家就会收到你的申请，经审核确认后，你就可以成为正式的经销商，至此经销商申请已经完成，如图 8-14 所示。

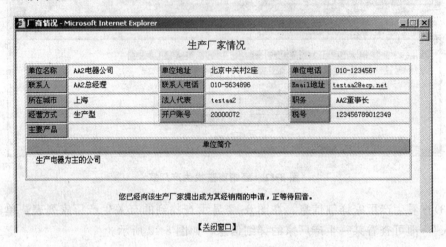

图 8-14　经销商申请成功

2. 分公司审批经销商资格

（1）分公司登录：分公司输入系统默认账号 testaa6、密码 testaa6 登录，进入分公司管理区，单击"经销商管理"，如图 8-15 所示。

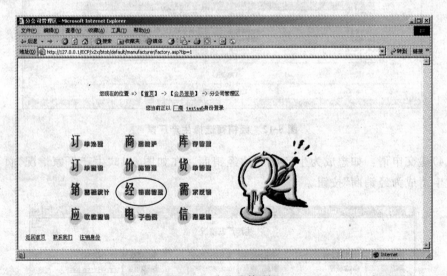

图 8-15　分公司管理区

进入经销商管理页面如图 8-16 所示，在该页面中，查找提出申请经销商的信息，单击商家名称，进入查看买家信息页面。

（2）在买家信息页面，查看经销商信息，如图 8-17 所示。

单击"返回上一页"返回"经销商管理"页面，如图 8-16 所示。如同意其作为经销商，单击"添加经销商"，进入"添加经销商页面"，如图 8-18 所示。

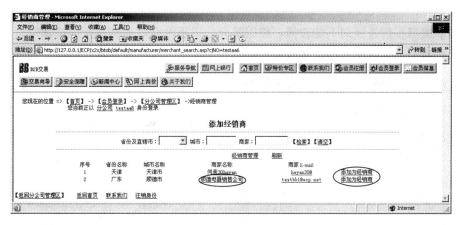

图 8-16　经销商管理

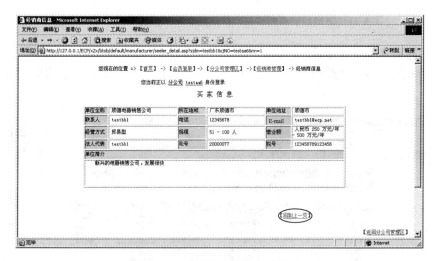

图 8-17　分公司查看经销商信息

图 8-18　添加经销商

3. 分公司设置经销商信誉级别、分配额度

在"添加经销商页面"中设置经销商的信誉级别和配给额度，单击"添加为经销商"，

审批成功。

实训提醒：信誉级别不能选择，原因是分公司还没有对商品进行价格管理。

还可撤消经销商的资格、修改经销商的信誉级别、现有额度等，如图 8-19 所示。

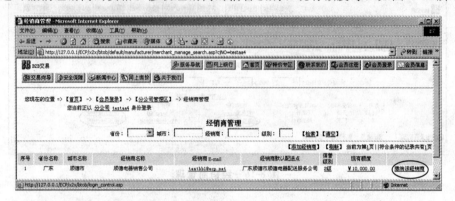

图 8-19　撤销经销商的资格、修改经销商的信誉级别、现有额度

4. 经销商查看审批结果

经销商登录，单击"经销商申请"，选择生产商所在区域，查看审批结果，如图 8-20 所示。

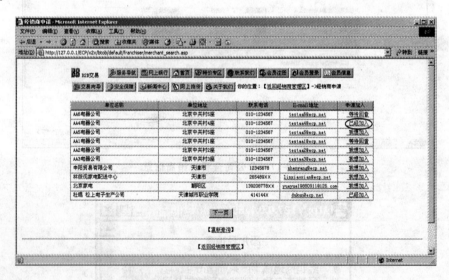

图 8-20　经销商查看审批结果

实验 8.3　经销商在交易中心订货

一、实验目的

1. 掌握 B2B 交易中经销商的运作；

2. 体验经销商购物的特点。

二、实验内容

1. 进入交易中心；

2. 选购商品；

3. 选择付款方式(银行汇款或现金支付、额度和网上支付方式)。

三、实验指导

1. 进入交易中心

以经销商身份登录，进入经销商管理区，单击"交易中心"，进入 B2B 主页，如图 8-21 所示，浏览商品，查看产品简介、生产厂家、库存信息等，选中要购买的商品，单击"我要订购"。

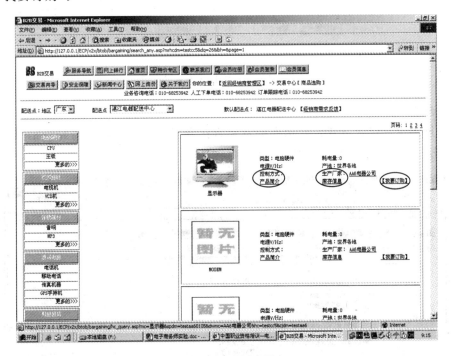

图 8-21　B2B 主页

2. 选购商品

(1)填写购买商品数量，单击"选购"，如图 8-22 所示。

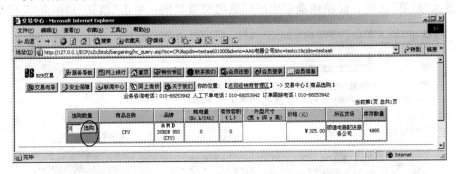

图 8-22　选购商品

(2)进入购物车页面，如图 8-23 所示，单击"到收银台"，进入选择付款方式页面。

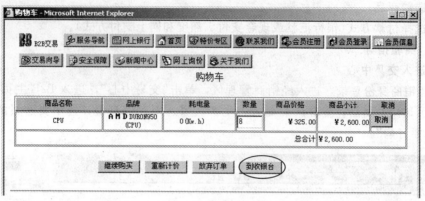

图 8-23　B2B 购物车

3. 选择付款方式

(1)网上支付付款方式：经销商的货款直接划拨到分公司，不需要经销商二次确认，单击"下一步"，如图 8-24 所示。

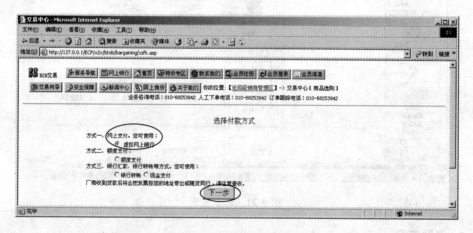

图 8-24　网上支付付款方式

进入"结算"页面，经销商确定生产厂家的交货日期，单击"结算"如图 8-25 所示。

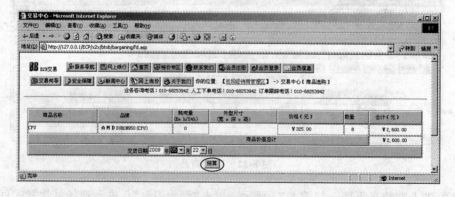

图 8-25　结算页面

查看网上支付订单详情,记录下订单号,选网略卡或德意卡支付,如图 8-26,进入虚拟银行页面。

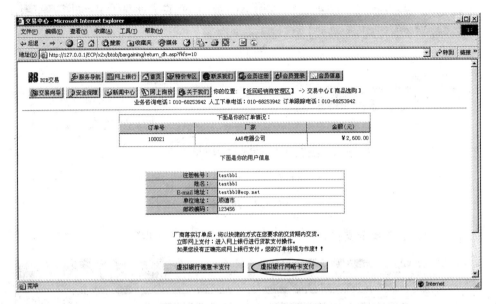

图 8-26　网上支付订单详情

经销商网上支付货款:经销商输入企业帐号、PIN 码,登录虚拟银行。系统显示虚拟银行网上支付信息。在图 8-27 显示订单号,金额,确定无误,单击确认,网上支付成功。此时系统显示交易成功,并将生成购物订单发往分公司,分公司给配送点发备货单。

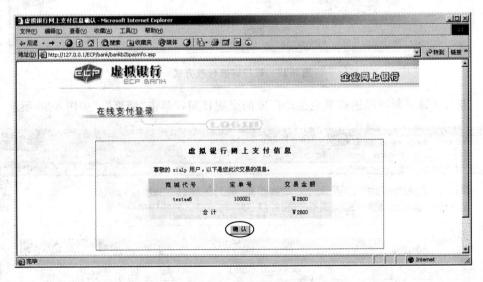

图 8-27　网上支付货款

(2)银行转账支付:经销商进入交易中心再选购一种商品,单击"选购"进入购物车页面,如图 8-28 所示,单击"到收银台",进入选择付款方式页面。

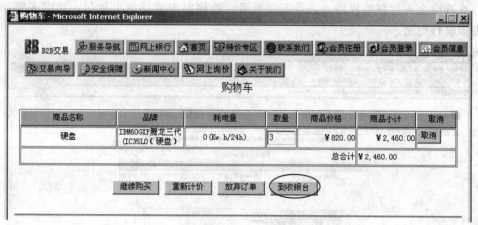

图 8-28 购物车

选择银行转账或现金支付，如图 8-29 所示，单击"下一步"。

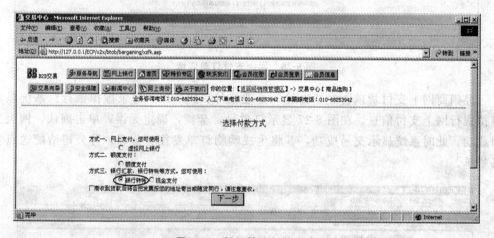

图 8-29 银行转账付款方式

进入结算页面，经销商确定生产厂家的交货日期，单击"结算"，如图 8-30 所示。

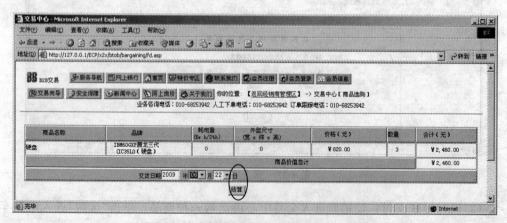

图 8-30 结算页面

系统显示订单详情，记录下订单号，单击"返回经销商管理区"，结束购物过程，将新订单发往分公司，如图 8-31 所示。

图 8-31　银行转账支付订单情况

（3）额度支付：再次进入购物中心，选购一种商品，购物过程与上一次相同，选用额度支付，额度支付与网上支付流程相同。

注意： 分别选购三种商品，用三种付款方式支付，记录三张订单号码。

四、思考题

1. B2B 交易中，经销商的运作有何特点？
2. 三种支付方式有何优缺点，各适用于哪些情况？

实验 8.4　分公司客户订单处理

一、实验目的

1. 认识分公司在 B2B 业务中的作用；
2. 掌握分公司业务处理内容与技能。

二、实验内容

1. 分公司受理新订单；
2. 分公司给经销商发送消息；
3. 经销商再次确认订单；
4. 分公司向配送点发备货单。

三、实验指导

1. 分公司受理新订单

（1）订单处理：分公司输入账号、密码 testaa6 登录，进入分公司管理区，页面上显示"您有新订单"，单击"订单处理"，查询订单状况，如图 8-32 所示。如果经销商选择网上支付，分公司只需进入订单查询，直接备货，不需要经销商二次确认；如果经销商选择银行汇款或现金支付，分公司需要经销商二次确认。订单状况是未受理，未受理的订单显示 New 的标识。

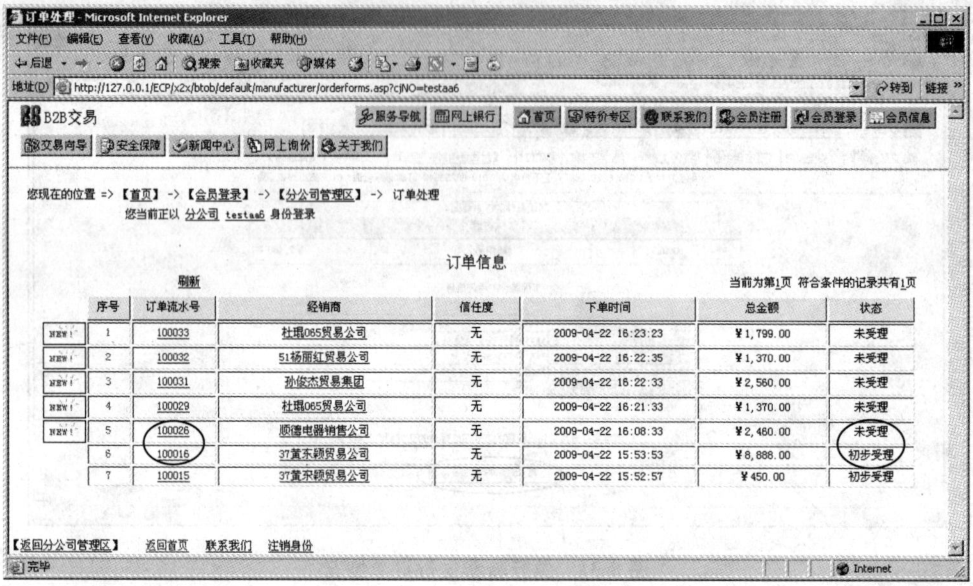

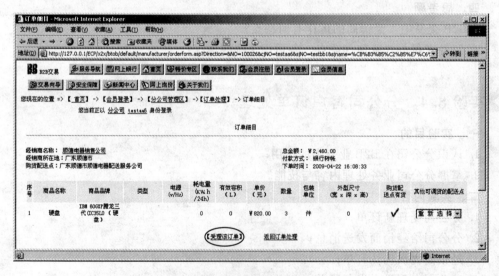

图 8-32　订单状况

(2)查看新订单：单击图 8-32 新订单流水号，进入"查看新订单详情"页面，如图 8-33 所示，如果可以供货，单击"受理该订单"，向经销商发送受理信息。

图 8-33　查看新订单详情

2. 分公司给经销商发送二次确认消息

分公司撰写需经销商二次确认的消息，确认购买的产品及付款截止日期，发给经销商，如图 8-34 所示。

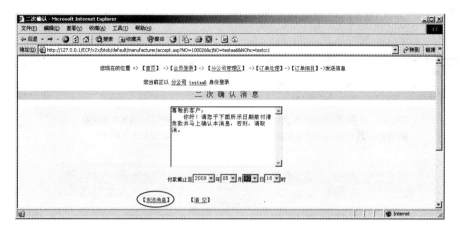

图 8-34　分公司给经销商发送二次确认消息

此时该订单处于初步受理状态，如图 8-35 所示。

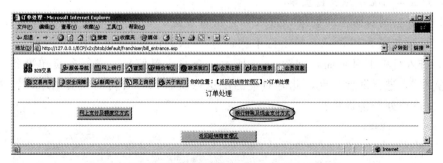

图 8-35　初步受理订单

3. 经销商再次确认订单

经销商登录，进入经销商管理区，单击"订单处理"，进入订单处理页面，如图 8-36 所示。单击"银行转账及现金支付方式"，经销商将货款转到分公司银行账户上。

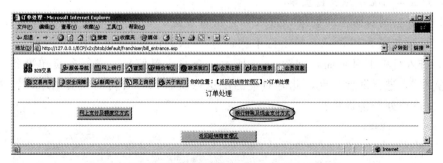

图 8-36　经销商银行转账及现金支付方式付款

进入非网上支付方式订单页面，如图 8-37 所示，单击订单状态为"初步受理"的订单号。

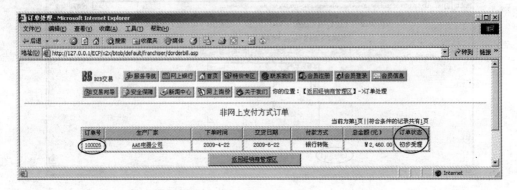

图 8-37　非网上支付方式订单

经销商再次确认订单：进入图 8-38。经销商确认厂家的信息，单击"再次确认"，订单信息发给分公司，此时该订单处于"再次确认"状态。

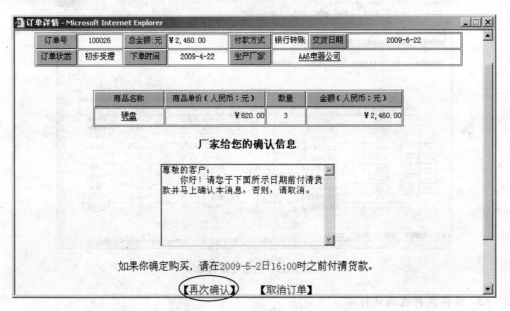

图 8-38　经销商再次确认

4. 分公司向配送点发备货单

(1)以分公司身份再次登录，进入分公司管理区，单击"订单处理"，进入查看"订单信息"页面如图 8-39 所示，单击订单状态为"再次确认"的订单流水号。

(2)进入订单细目页面，如图 8-40 所示，查看订单信息，进行备货单准备。单击"发备货单"，进行发货处理，此时对应的配送点就收到分公司的发货请求，经销商可以看到该订单处于备货状态。

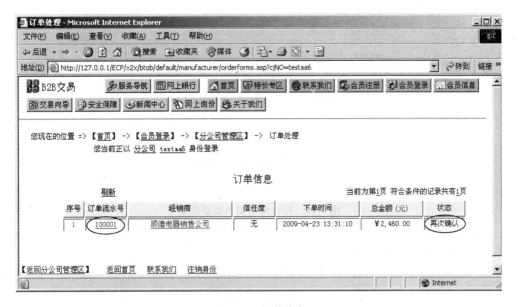

图 8-39　订单信息

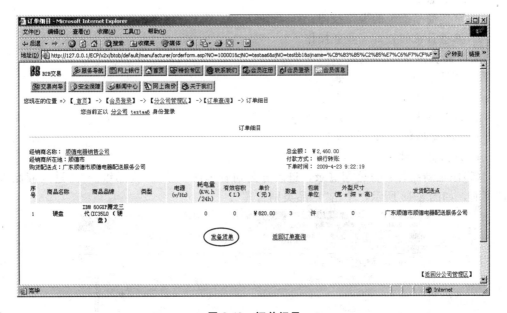

图 8-40　订单细目

(3)备货单发送成功：选择配送点，确定送货时间，单击"发备货单"，进行发货处理，此时对应的配送点就会收到分公司的发货请求，备货成功，如图 8-41 所示。系统会告知备货状态信息。这时订单处理完毕，接下来是配送中心负责备货、发货。

图 8-41　分公司备货单发送成功

四、思考题

简述分公司订单处理的过程。

实验 8.5　厂商分公司其他业务管理

一、实验目的

1. 掌握商品维护的操作技能；

2. 熟悉日常的查询等业务操作。

二、实验内容

1. 商品维护；

2. 查询订单；

3. 货单管理。

三、实验指导

1. 进行商品维护

（1）添加新品种：分公司登录，进入分公司管理区，单击"商品维护"，进入商品维护页面，如图 8-42 所示，单击"产品类别管理"。

图 8-42　商品维护

进入商品类别页面，如图 8-43 所示，单击"添加新品种"。

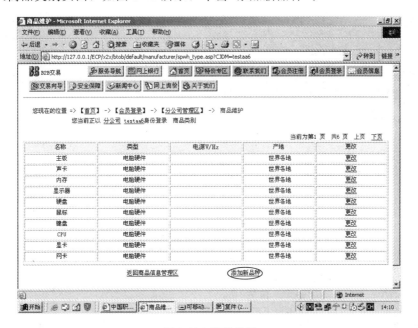

图 8-43　商品类别

进入"商品品种录入"页面，如图 8-44 所示，填写商品品种信息，单击"提交"，系统自动回到商品维护界面，可以看到新增加的产品品种。

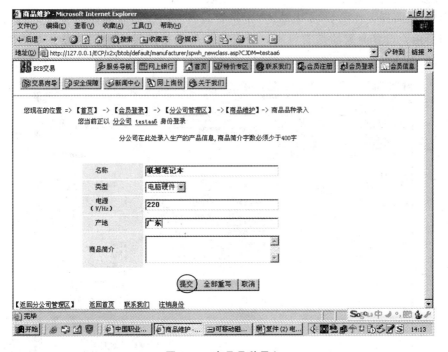

图 8-44　商品品种录入

(2)添加商品信息：在图 8-42 中单击"添加商品信息"，进入"商品细节录入"页面，如图 8-45 所示，填写商品详细信息。

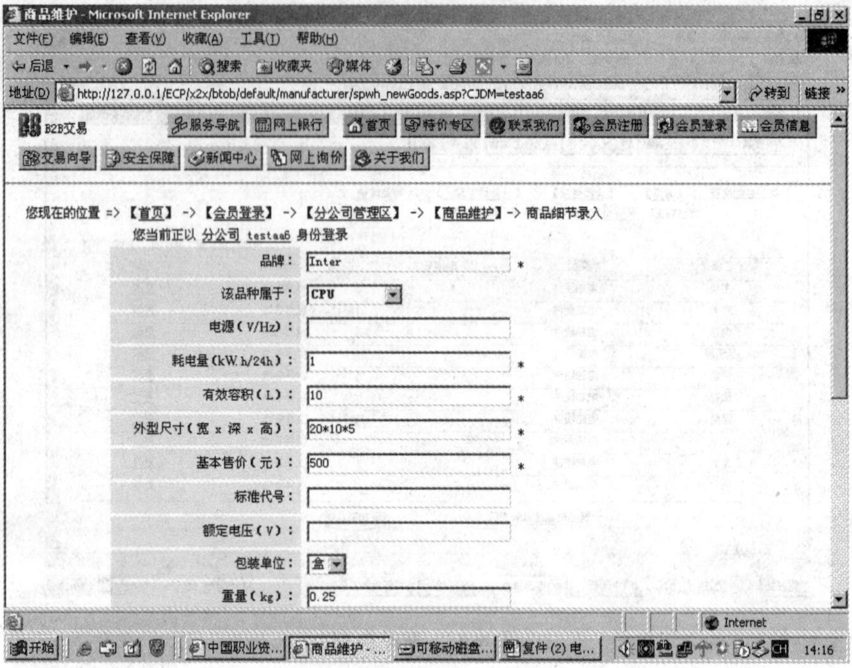

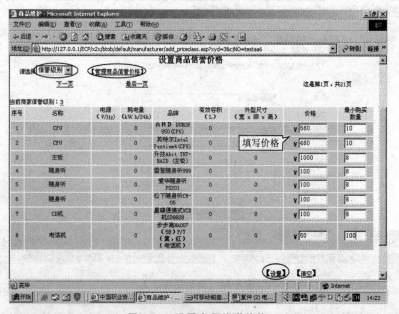

图 8-45　商品细节录入

（3）修改商品信息：在图 8-43 中单击"更改"即可。

（4）价格管理：在图 8-43 中单击"价格管理"，进入"设置商品信誉价格"页面，如图 8-46所示，设置商家的信誉级别，设置商品的价格及最小购买数量，单击"设置"，进行保存。

图 8-46　设置商品信誉价格

（5）修改价格：在图 8-46 中单击"管理商品信誉价格"进入"管理商品信誉价格"页面，如图 8-47 所示。

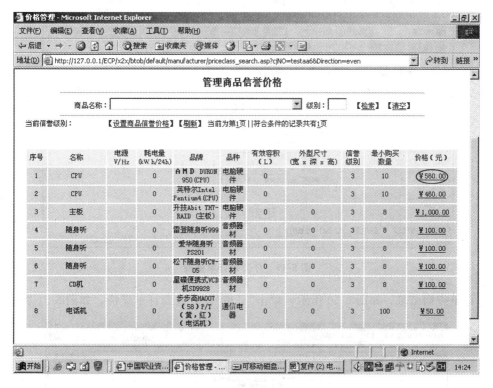

图 8-47　管理商品信誉价格

单击某一商品价格，进入价格修改页面，如图 8-48 所示，修改价格，单击"更改"。

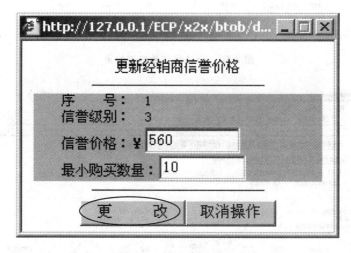

图 8-48　管理商品信誉价格

2. 查询订单

进入分公司管理区，单击"订单查询"，选择下单日期、商家进行查询，如图 8-49 所示。

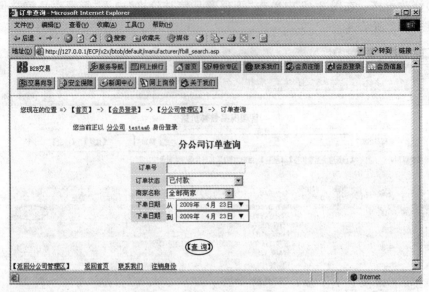

图 8-49　分公司订单查询

订单查询结果，如图 8-50 所示，单击"订单号"，查询订单详情，如图 8-51 所示。

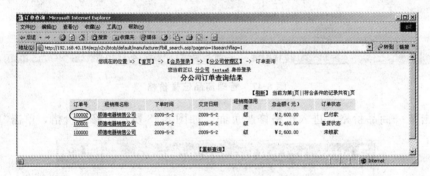

图 8-50　分公司订单查询结果

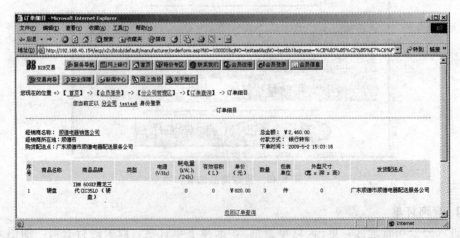

图 8-51　订单详情

3. 货单管理

进入分公司管理区，单击"货单管理"，进入货单管理页，如图 8-52 所示。

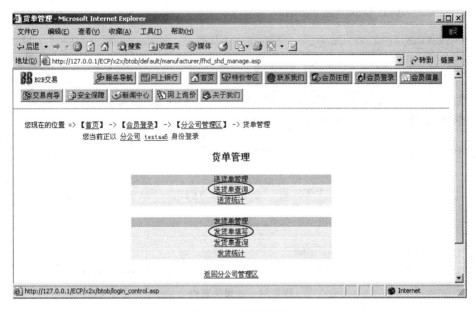

图 8-52　货单管理

(1)发货单填写：单击"发货单填写"，分公司填写发货单的具体信息，如图 8-53 所示，单击"提交"，即可完成分公司对配送点的发货。

图 8-53　分公司填写发货单

（2）查询送货情况

单击图 8-52"货单管理"页面的"送货单查询"，进入如图 8-54 页面，输入查询条件，选择配送点、日期进行查询。

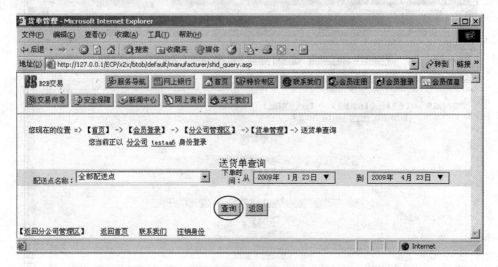

图 8-54　送货单查询

查看送货单详情，如图 8-55 所示。

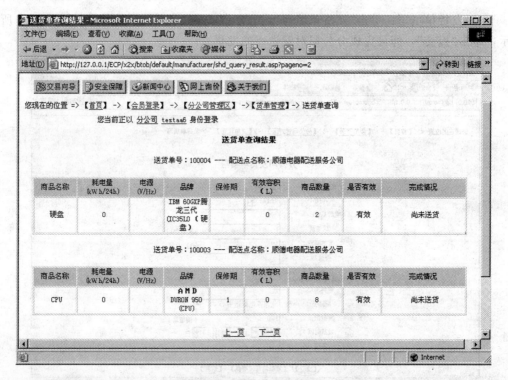

图 8-55　送货单查询结果

（3）送货统计

在货单管理页，单击"送货统计"，进入"送货统计"页面，如图 8-56 所示，选择配送点及发货时间进行统计。

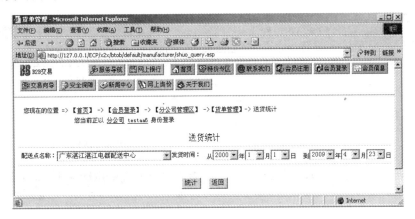

图 8-56　送货统计

分公司送货统计结果如图 8-57 所示。

图 8-57　分公司送货统计结果

（4）发货单统计

在货单管理页，单击"发货单统计"，进入"发货单统计"页面，如图 8-58，单击"查询"。

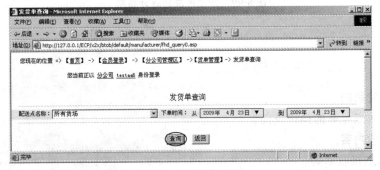

图 8-58　发货单查询

发货单查询结果如图 8-59 所示。

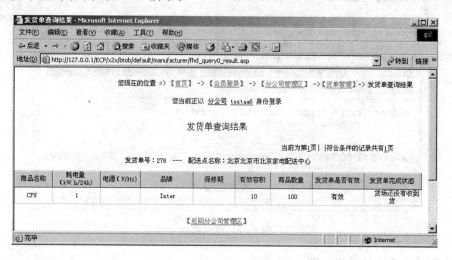

图 8-59 发货单查询结果

（5）发货统计

在货单管理页，单击"发货统计"，发货统计的结果如图 8-60 所示。

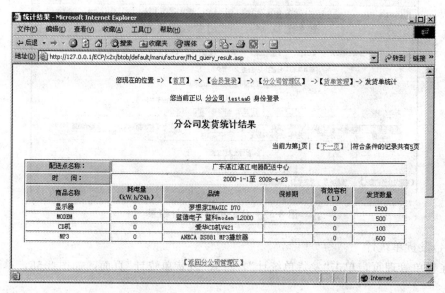

图 8-60 分公司发货统计结果

实验 8.6 配送点业务管理

一、实验目的

掌握配送点业务的操作技能。

二、实验内容

1. 配送点接收货物；

2. 配送点库存管理；

3. 配送点出货处理。

三、实验指导

1. 配送点接收货物

（1）配送点登录：配送点输入账户名、密码 testcc5 登录，系统提示你有新收货单，点击"确定"，进入配送点管理区，如图 8-61 所示，单击"收货处理"。

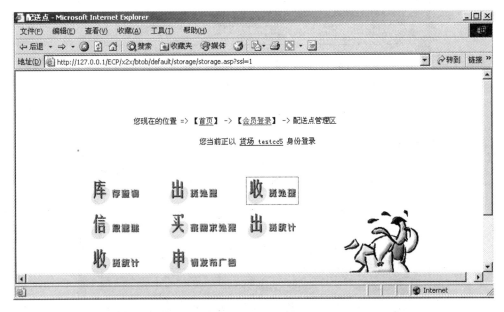

图 8-61　配送点管理区

进入"货场收货处理"页面，单击"未完成收货单"，如图 8-62 所示。

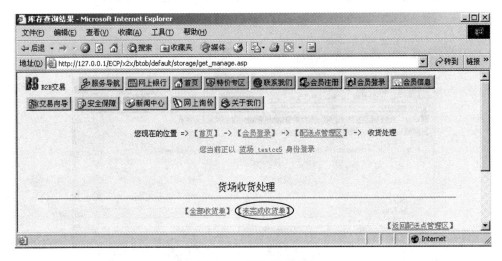

图 8-62　货场收货处理

进入"未完成收货单"列表页面，单击"收货单号"，如图 8-63 所示。

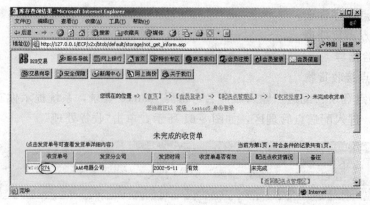

图 8-63 未完成收货单列表

（2）查看收货单详情：配送点收货情况是"未完成"，单击"收货确认"，如图 8-64 所示。

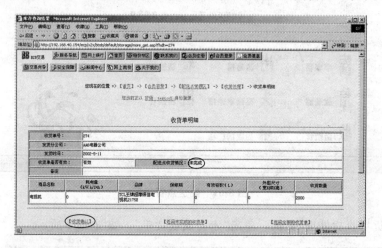

图 8-64 收货单明细

（3）收货完成：配送点接收货物，收货情况是"已完成"，如图 8-65 所示。

图 8-65 收货完成

2. 配送点库存管理

进入配送点管理区，单击"库存查询"。如图 8-66 所示，选择分公司和商品名称，单击"查看"，显示库存查询结果。

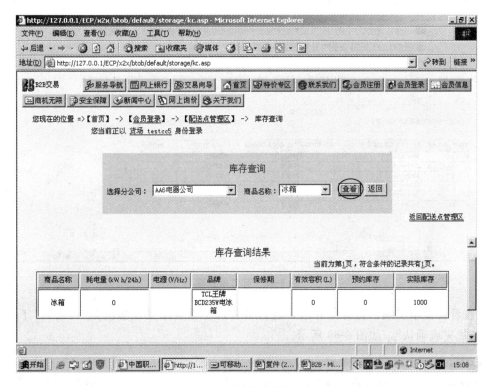

图 8-66 库存查询

3. 配送点出货处理

进入配送点管理区，系统提示本货场有新备货单，单击"出货处理"，进入"出货处理"页面，如图 8-67 所示，单击"交易出货处理"。

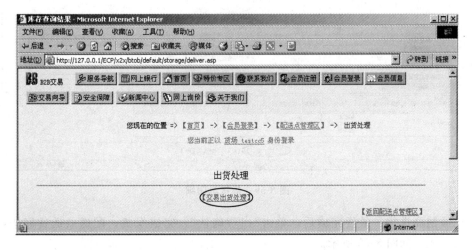

图 8-67 出货处理

进入"有效备货单"页面，单击"可备货"状态的备货单号，如图 8-68 所示。

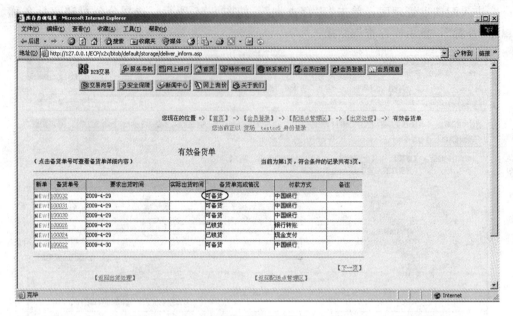

图 8-68　有效备货单

查看备货单明细，查看库存数，进行备货，在出货单完成情况是"可备货"下，单击"备货完成确认"，如图 8-69 所示。

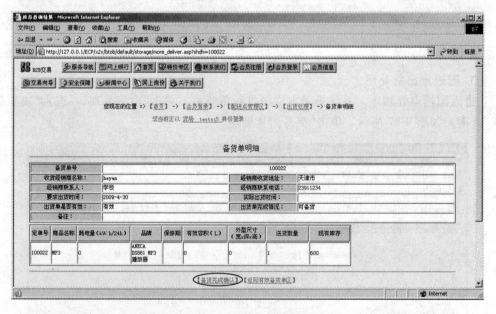

图 8-69　备货单明细

向经销商送货：备货完成后，单击"出货确认"，完成发货，配送点送货完毕，交易随之完成，如图 8-70 所示。

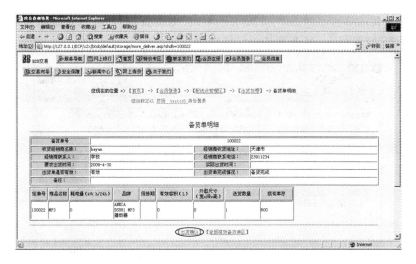

图 8-70　发货完成

实验 8.7　经销商业务管理

一、实验目的

1. 熟悉经销商业务管理的内容与技能；
2. 掌握订单处理的环节与操作。

二、实验内容

1. 订单查询；
2. 应付款查询；
3. 进货统计；
4. 额度查询。

三、实验指导

1. 订单查询

进入经销商管理区，单击"订单查询"，进入如图 8-71 所示页面，输入查询的条件。
单击"查询"按钮。

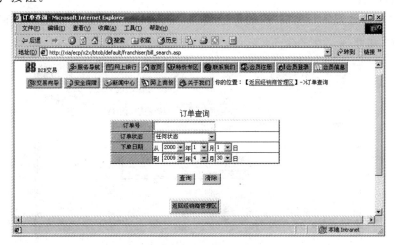

图 8-71　订单查询

显示订单查询结果，如图 8-72 所示，单击"重新查询"，输入查询条件，进行新的查询。若单击"订单号"，可查看某一订单详情。

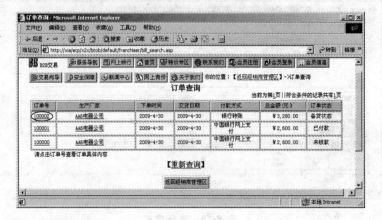

图 8-72　订单查询

某一订单详情，如图 8-73 所示。

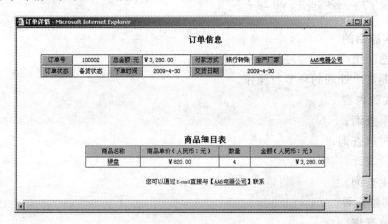

图 8-73　订单详情

2. 应付款查询

进入经销商管理区，单击"应付款查询"，进入图 8-74，选择收款厂家和付款截止日期，单击"查询"。

图 8-74　应付款查询

看到应付款明细，如图 8-75 所示，单击"订单详情"，查看订单信息，如图 8-76 所示。

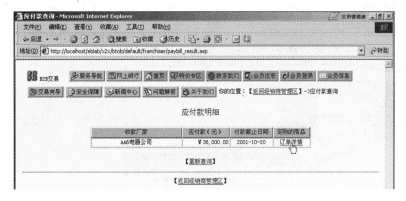

图 8-75　应付款明细

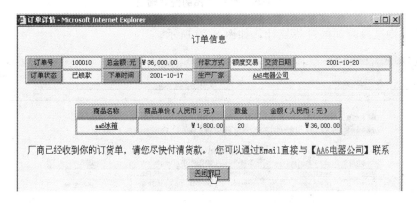

图 8-76　订单信息

3. 进货统计

进入经销商管理区，单击"进货统计"，进入"进货统计"页面，如图 8-77 所示，输入查询条件，单击"统计"按钮。

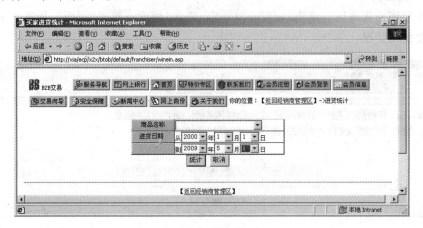

图 7-77　进货统计

进入查看某一商品的统计情况页面，如图 8-78 所示。

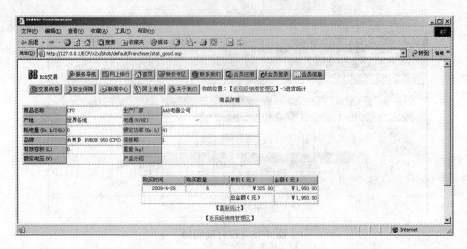

图 8-78　某一商品的统计情况

也可查询某段时间的进货统计，如图 8-79 所示。

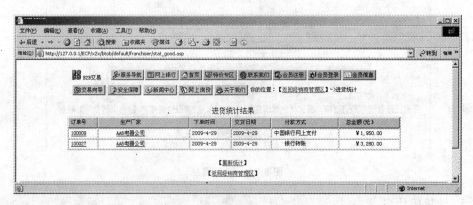

图 8-79　某段时间的进货统计

4. 额度查询

进入经销商管理区，单击"额度一览表"，进入"额度一览表"页面，如图 8-80 所示，查看额度使用情况。

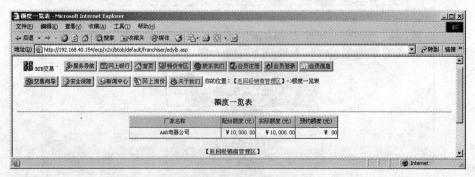

图 8-80　额度一览表

第 9 章　C2C 交易

C2C 电子商务是在消费者与消费者之间进行的商务模式，它通过 Internet 为消费者提供进行相互交易的环境——网上拍卖、在线竞价。该模块提供了真实环境的 C2C 模式运作，学生可以通过亲自动手、运营 C2C 网站来提高自己对理论的认识和实践能力。该模块功能：拍品搜索、物品拍卖、竞价购买、拍品发布、拍品管理等。

注意：用户必须先注册，才能参与拍卖与竞拍，拍卖方不能竞拍自己拍卖的物品。

C2C 前台流程如图 9-1 所示。

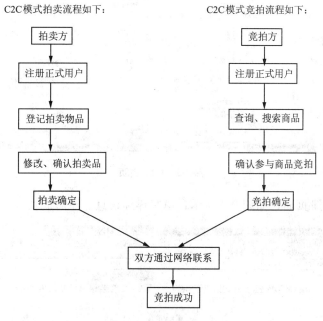

C2C模式拍卖流程如下：　　　　　　　　　C2C模式竞拍流程如下：

图 9-1　C2C 前台流程图

▶实验 9.1　拍卖商品

一、实验目的

1. 了解网上拍卖流程；

2. 掌握拍卖操作技能。

二、实验内容

1. 拍卖商品的信息发布；

2. 查询拍卖进展情况。

三、实验指导

1. 拍卖商品的信息发布

（1）拍卖者注册新会员：在电子商务师实验室首页，单击"电子商务模式/前台/C2C

模式",进入 C2C 主页,如图 9-2 所示,单击"会员注册"。

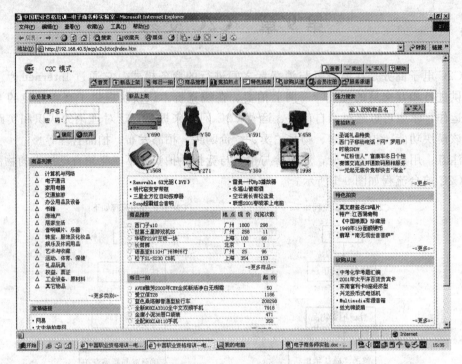

图 9-2   C2C 主页

进入会员注册页面,如图 9-3 所示,填写详细信息,注册成功。

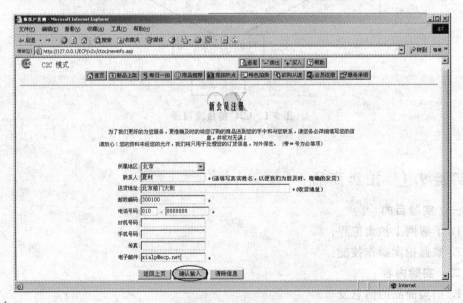

图 9-3   新会员注册

(2)拍卖者登录:在 C2C 主页单击"卖出",进入图 9-4,输入会员名和密码,选择"上传新消息"单选项,单击"登录"。

图 9-4　拍卖者登录

　　(3)登记需要进行拍卖商品的信息：包括商品名称、描述、数量；所在地、新旧程度；设定起始价、增加金额；选择商品在线时间；填写附加支付、运货及保修信息等，选择拍卖商品所属的一级目录和二级目录，单击"确认"，如图 9-5 所示。

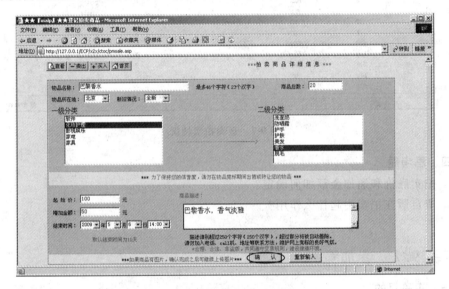

图 9-5　输入拍卖商品的信息

　　如有商品图片，则上传照片，如没有图片，则单击"返回"，如图 9-6 所示，拍卖信息传送成功。

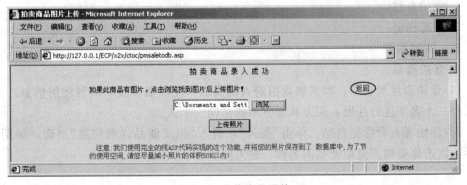

图 9-6　上传商品照片

2. 查询拍卖进展情况

单击"查看"按钮，拍卖者可随时查看发布的拍卖商品和拍卖情况，如图 9-7 所示。

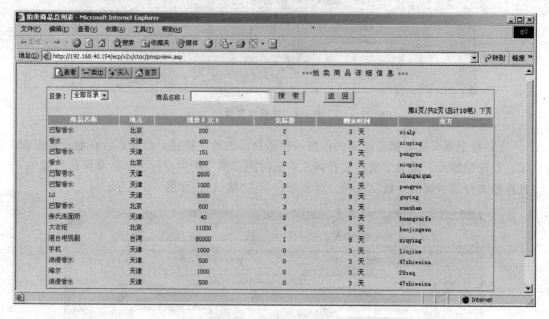

图 9-7　查询拍卖情况

四、思考题

1. 拍卖底价和递加金额如何确定？

2. 留言版在拍卖中起什么作用？

▶实验 9.2　参加竞拍

一、实验目的

1. 熟悉竞拍的流程；

2. 掌握竞拍的操作技巧。

二、实验内容

1. 竞拍商品；

2. 交易确定。

三、实验指导

1. 竞拍商品

(1)竞拍者注册会员：如果想竞拍别人的商品，先注册会员，填写注册信息。注意用另外一个名字进行注册，买方和卖方不能是同一个人。

(2)竞拍者查看竞拍商品：单击"买入"，进入"拍卖商品详细信息"页面，如图 9-8 所示。点击你要购买竞拍商品的名称，进入图 9-9。

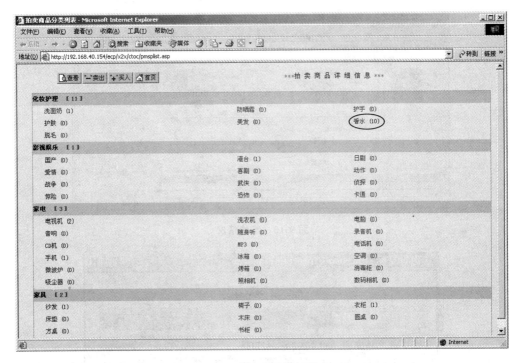

图 9-8　拍卖商品详细信息

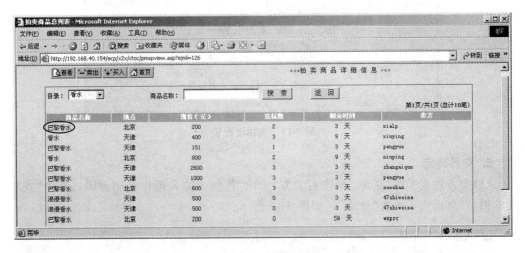

图 9-9　某一拍品信息

（3）查看竞价情况：系统显示该商品的详细信息及交易情况，价高者领先，价底者出局。单击"出价"按钮，如图 9-10 所示。

（4）竞拍者出价：在出价页面填写商品的起价、加价并附留言，单击"提交"按钮，出价成功，如图 9-11 所示。

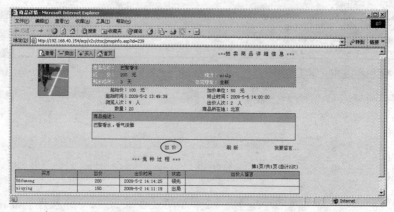

图 9-10　竞价情况

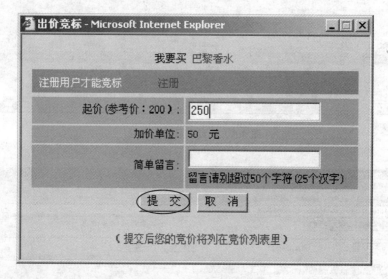

图 9-11　竞拍者出价

2. 交易确定

(1)卖方进入 C2C 主页，单击右上方"卖出"按钮，输入用户名和密码，选中"查看我的拍卖"单选项，单击"登录"，如图 9-12 所示。

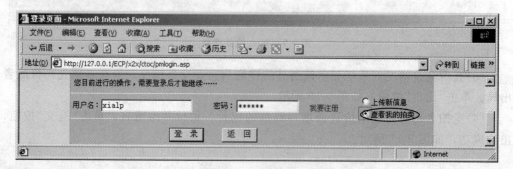

图 9-12　卖方登录

（2）在拍卖商品列表中，单击要确定拍卖结束的商品名称，如图 9-13 所示。

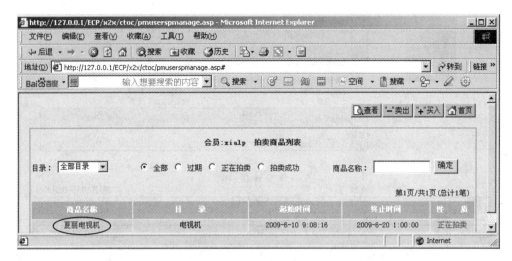

图 9-13　拍卖商品列表

（3）在竞拍信息中选中竞拍成功的用户信息，单击"确定"，如图 9-14 所示。

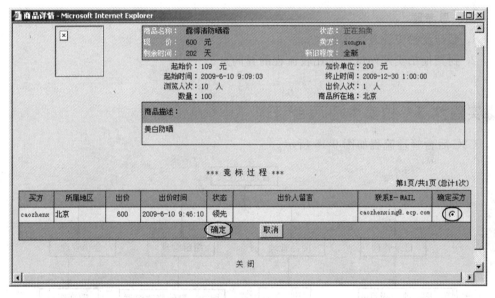

图 9-14　卖方确定买方

(4)买卖双方满意，通过网络相互联系，完成交易，如图 9-15 所示。

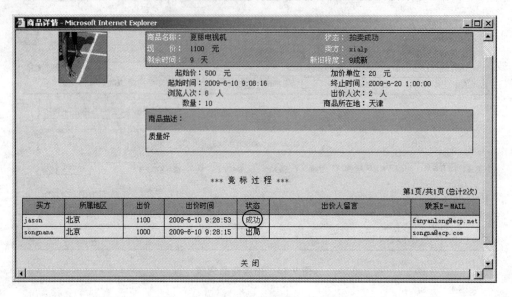

图 9-15 成功交易

四、思考题

1. 参与竞拍应注意什么？

2. 到其他拍卖网站试一试比较流程的异同点。

实验 9.3 拍卖中心后台管理

C2C 后台管理流程如图 9-16 所示。

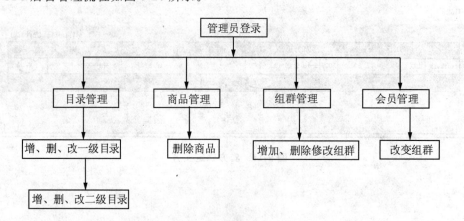

图 9-16 C2C 后台管理流程图

一、实验目的

1. 熟悉拍卖中心后台管理的常用操作；

2. 掌握会员管理的操作技能；

3. 熟悉拍卖商品目录管理和商品管理流程。

二、实验内容

1. 会员管理；
2. 群组设置；
3. 拍卖商品目录管理；
4. 拍卖商品列表管理。

三、实验指导

1. 会员管理

电子商务模式/C2C 模式/后台，输入账号 admin、密码 admin 登录，进入拍卖中心后台管理。如图 9-17 所示，单击"会员管理"。

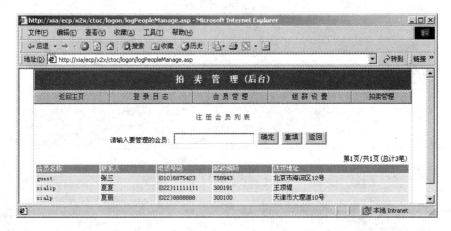

图 9-17　会员管理

2. 群组设置

选取某一个会员后，单击"群组设置"，可以对其进行群组设置并可改变所属群组等操作。

3. 拍卖商品目录管理

在图 9-17 中单击"拍卖管理/目录设置"，进入"拍卖商品目录总列表"页面，如图 9-18 所示，进行目录操作。单击一级目录，可增加、修改一级目录名；在一级目录下可对二级目录进行增加或修改操作。单击"删除"则可对一级目录所有商品删除。

4. 拍卖商品列表管理

在图 9-17 中单击"拍卖管理/商品管理"，进入拍卖商品总列表，如图 9-19 所示。可对全部正在拍卖和拍卖成功的商品进行查询。

注意： 后台增加一级目录后，才能在该目录上增加二级目录，可以直接删除一级目录，但必须注意该目录下的二级目录及商品是否可以删除。

四、思考题

1. 目录管理的意义有哪些？
2. 检查拍卖品的状态有何实际意义？

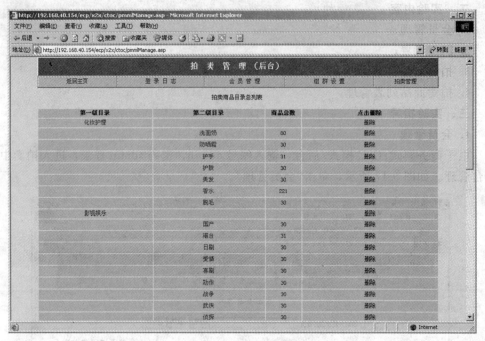

图 9-18 拍卖商品目录总列表

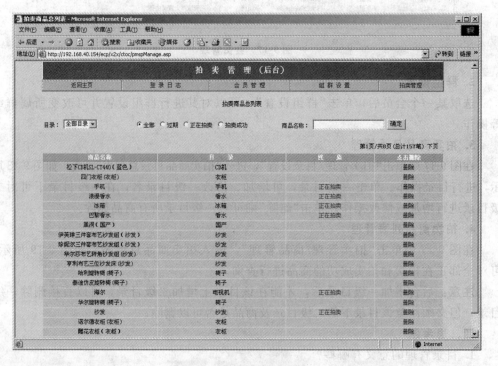

图 9-19 拍卖商品总列表

第 10 章　网上支付

电子支付是电子商务中最重要的环节之一，电子支付为电子商务带来了高效快捷的商品结算手段，让电子商务充分展示自身的魅力。该模块为学生提供模拟的网上银行服务，让学生们通过实验了解：电子支付帐号的申请、电子支付的过程、网上银行后台内部管理，帮助学生了解网上银行操作的全过程。

电子支付模块主要功能：虚拟银行管理功能、在线模拟支付功能。如存款余额查询、电子交易明细查询、储户存取款、网上订单查询等功能。

▶实验 10.1　网上银行服务(前台)

一、实验目的

1. 熟悉网上银行为客户提供的服务内容；

2. 掌握网上银行的使用技能。

二、实验内容

1. 申请个人支付帐号；

2. 个人信息查询、修改；

3. 订单查询；

4. 银行转账；

5. 申请企业支付帐号。

三、实验指导

1. 申请个人支付帐号

(1)单击"首页/电子支付/前台/虚拟银行服务"，进入虚拟银行首页，如图 10-1 所示。在个人用户服务区单击"申请个人支付帐号"。

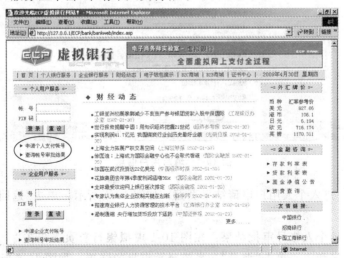

图 10-1　虚拟银行首页

（2）进入"申请个人用户名"页面，输入用户名，单击"确定"，如图 10-2 所示。

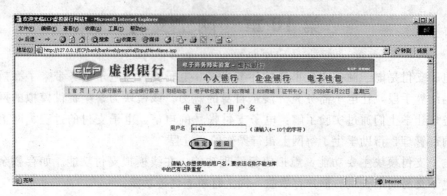

图 10-2

（3）进入个人信息填写页面，输入相关信息，选自动审批或手动审批，手动审批需银行后台审批通过后用户才可得到帐号和 PIN 码。分别申请德意卡和网略卡，单击"提交"，如图 10-3 所示。

实训提醒：身份证号为 15 位或 18 位的数字；电子邮件为本实验系统的电子邮件，即以用户名@ecp.net。

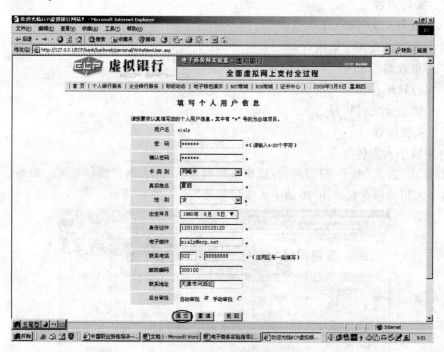

图 10-3　填写用户信息

申请完毕，进入个人用户申请结果页面，如图 10-4 所示，单击"返回首页"，返回虚拟银行首页。

（4）查看申请个人帐号审批结果：在图 10-1 虚拟银行首页，单击"个人账号审批结果"，输入用户名和密码单击"登录"。系统显示审批的结果，如图 10-5 所示，一定要记

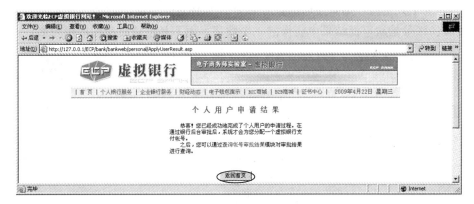

图 10-4　个人用户申请结束

住你的帐号和 PIN 号(PIN 号可以修改)。

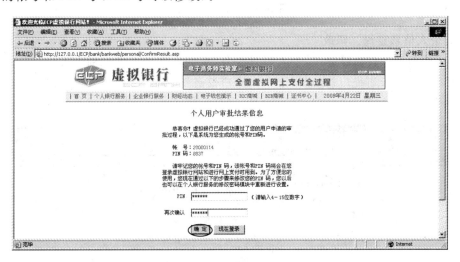

图 10-5　个人用户审批结果

(5)修改 PIN 号：直接在图 10-5 的 PIN 号中输入自己容易记忆的 PIN 码，并在"再次确认"框中再次输入 PIN 码，单击"确定"，系统提示"个人用户 PIN 码设置完成"，如图 10-6 所示。

图 10-6　设置个人用户 PIN 码

（6）登录个人银行：用新注册的帐号和 PIN 号登录，如图 10-7 所示。

实训提醒：帐号是从审批结果中获得的一串数字，而不是申请时所用的用户名。

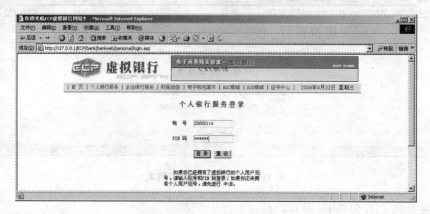

图 10-7　个人银行登录

2. 个人信息查询、修改

个人银行登录成功后进入"个人银行服务"页面，直接可以看到个人用户信息，系统分配 1 万元用于消费，单击"修改个人用户信息"按钮，进入个人信息修改页面，如图 10-8 所示。

图 10-8　个人用户信息

可进行人用户信息的修改，修改后单击"保存"，如图 10-9 所示。

3. 订单查询

在图 10-8 中单击"订单查询"，进入"订单明细查询"页面，输入起始日期、终止日

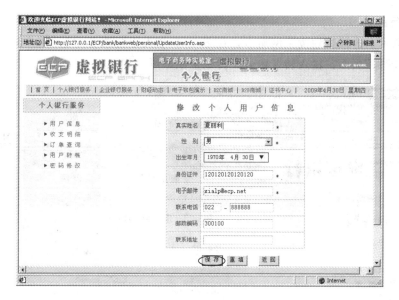

图 10-9　修改个人用户信息

期或订单号进行查询，如图 10-10 所示。

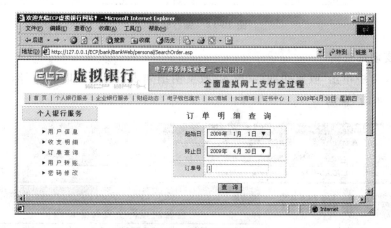

图 10-10　订单明细查询

系统显示订单查询结果，如图 10-11 所示。

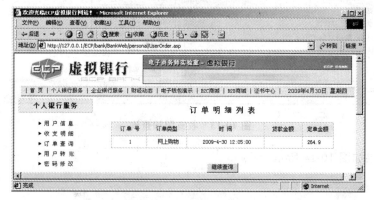

图 10-11　订单查询结果

4. 银行转账

将德意卡上的钱款划拨到网略卡，在图 10-8 个人银行服务中选"用户转账"，进入"用户余额转账"页面，输入转账账号、转账金额即可，如图 10-12 所示。

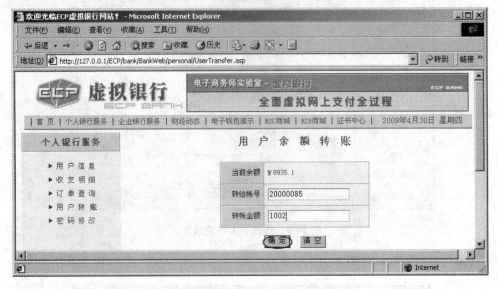

图 10-12　银行转账

5. 收支明细查询

在图 10-8 中单击"收支明细"，进入"收支明细列表"页面，如图 10-13，输入日期、查询条件，单击"查询"。

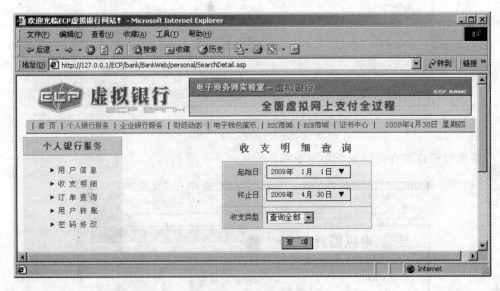

图 10-13　收支明细查询

查询结果如图 10-14 所示。

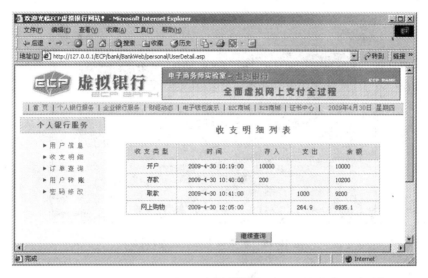

图 10-14　收支明细列表

6. 按照同样步骤申请企业支付帐号。

四、思考题

网上银行有哪些服务？

实验 10.2　网上银行管理（后台）

一、实验目的

1. 熟悉网上银行日常业务内容

2. 掌握网上银行的业务处理操作技能

二、实验内容

1. 新增客户开户

2. 客户存、取款操作

3. 客户信息和使用情况查询

4. 注销储户操作

5. 网上订单查询

三、实验指导

1. 新增客户开户

用户在前台申请了银行账户后，接下来由银行的工作人员在银行后台进行操作。"首页/电子支付/后台"输入管理员用户名、密码（admin）登录，进入网上银行后台，如图 10-15 所示，单击"开户审批"。

进入"网上银行开户审批"页面，如图 10-16 所示；单击某一用户名，可进行用户信息查询，如图 10-17 所示。在图 10-16 中，选中未审批复选框，单击"审批"。

只有审批通过，用户才可以得到账号和 PIN 码，审批情况如图 10-18 所示。

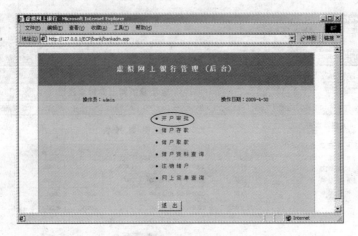

图 10-15　虚拟网上银行管理(后台)

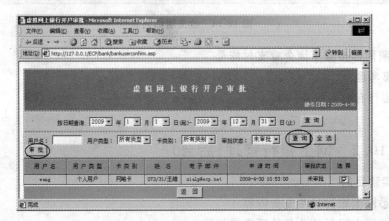

图 10-16　网上银行开户审批

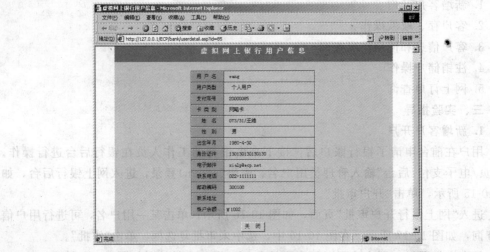

图 10-17　用户信息查询

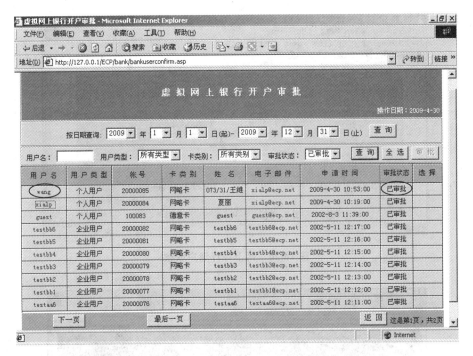

图 10-18　开户审批结果

2. 储户存、取款操作

在图 10-15 中单击"储户存款",输入账号、存款金额即可完成存款操作,如图 10-19 所示。

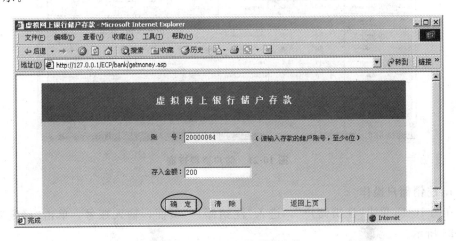

图 10-19　网上银行储户存款

在图 10-15 中单击"储户取款",输入账号、密码、取款金额即可完成取款操作,如图 10-20 所示。完成每项存、取款或在线支付后,用户都应查看自己的存款余额。

3. 客户信息和使用情况查询

在图 10-15 中单击"储户资料查询",进入储户资料查询页面,如图 10-21 所示。单击某一储户账号,可查询该储户的明细账,如图 10-22 所示。

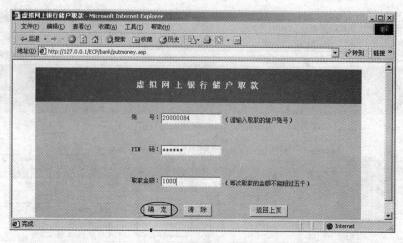

图 10-20　网上银行储户取款

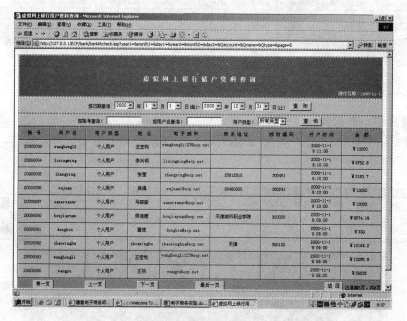

图 10-21　储户资料查询

4. 注销储户操作

在图 10-15 单击"注销储户",进入"注销储户"页面,输入账号,单击"确定",如图 4-23 所示。

5. 网上订单查询

在图 10-15 中单击"网上订单查询",可以按日期、订单号、账号查询,如图 10-24 所示。

四、思考题

1. 用户信息查询有何用途?

2. 简述网上银行日常业务的内容。

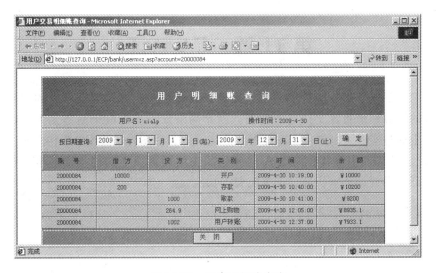

图 10-22 用户明细账查询

图 10-23 注销储户

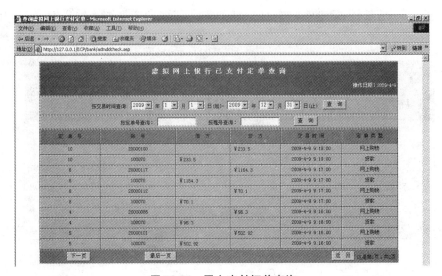

图 10-24 网上支付订单查询

第 11 章　CA 认证

安全问题是电子商务推进中的最大障碍。营造信誉良好、安全可靠的交易环境才能让众多的企业和消费者支持电子商务,因此网络安全成为电子商务尤为关注的重要环节。学生通过实验可以掌握 CA 证书的申请及配置使用,了解 CA 机构对电子证书的管理(审批、吊销证书等操作)。CA 认证模块主要提供以下功能:证书申请、证书下载、安全证书发放、证书认证、证书配置等功能。

▶ 实验 11.1　数字证书的申请、下载

一、实验目的

1. 了解 CA 证书的申请方法和用途;
2. 掌握数字证书申请、下载及使用方法。

二、实验内容

1. 申请个人数字证书;
2. 下载个人数字证书;
3. 证书的查看。

三、实验指导

1. 申请个人数字证书

(1)证书审批设置:进入 CA 认证(后台),单击"证书审批设置",选"人工审批"或"自动审批",选"人工审批"需要管理员审批后才能下载证书,这里选"人工审批"如图 11-1 所示。

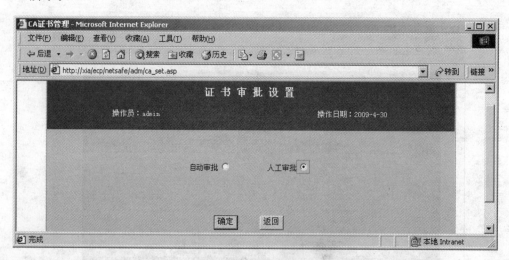

图 11-1　证书审批设置

(2)单击"CA 认证/前台/安全证书的发放",进入申请数字证书页面,可申请各种

数字证书，单击"个人身份证书"，如图 11-2 所示。

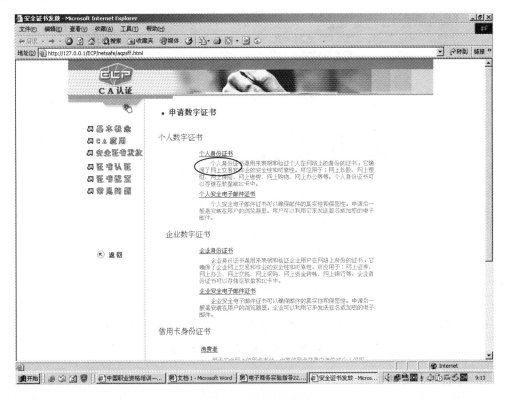

图 11-2　申请数字证书

在"个人身份证书页面"中输入用户名和密码后，单击"首次登录"，如图 11-3 所示。

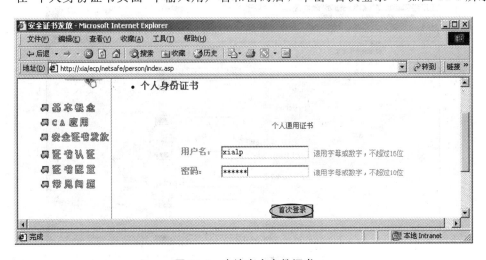

图 11-3　申请个人身份证书

（3）填写通用证书个人信息注册表，单击"确认登记"，填写成功后等待审批结果，如图 11-4 所示。

（4）查看审批结果：打开个人邮箱，可以看到 CA 中心给你的 E-mail，安全证书申

电子商务实验指导

请成功。

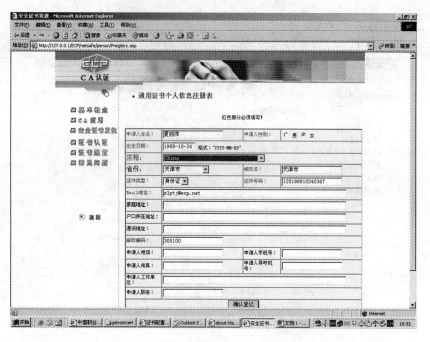

图 11-4　填写通用证书个人信息注册表

2. 下载个人数字证书

(1)单击"CA认证/前台/证书认证"，选择需要下载的证书，输入用户名、密码登录，如图 11-5 所示。

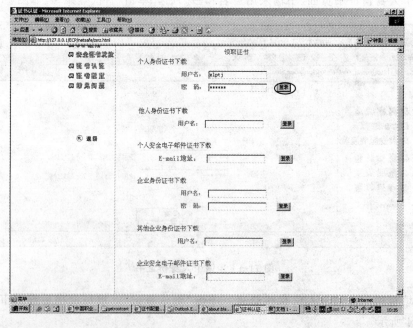

图 11-5　领取证书

（2）证书的下载：如果证书已审批完毕，则可以下载证书。单击"下载"，如图 11-6 所示，选择合适存放位置，将数字证书下载到你的计算机中。

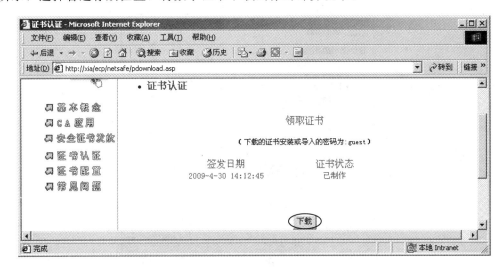

图 11-6　证书下载

3. 证书的查看

（1）打开 IE 浏览器/工具/Internet 选项/内容/证书/个人选项卡，查看你申请的个人证书，如图 11-7 所示。

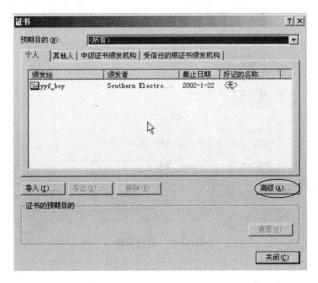

图 11-7　查看证书

（2）选中该证书单击"查看"按钮，可看证书详细信息，如图 11-8 所示。

在图 11-7 中选中该证书单击"高级"按钮，进入"证书目的"页面，如图 11-9 所示，选中"安全电子邮件"选项，该证书与电子邮件绑定。

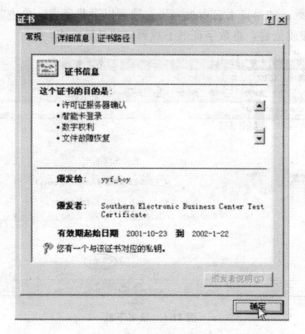

图 11-8 证书详细信息

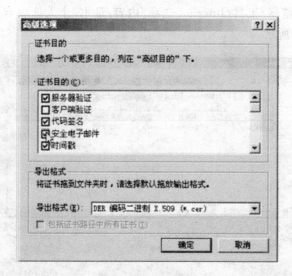

图 11-9 证书目的

四、思考题

1. 个人数字证书和企业数字证书的填写有何不同？

2. 身份证书和邮件证书的用途有何不同？

3. 看一看其他 CA 认证中心，比较认证流程的异同点。

4. 为什么要将数字证书下载到本地计算机中或其他载体中？

▶实验 11.2　CA 认证管理(后台)

一、实验目的

1. 了解数字证书管理的内容;

2. 掌握数字证书审批的操作。

二、实验内容

1. 用户申请情况的查阅;

2. 数字证书申请的审批。

三、实验内容

1. 用户申请情况的查阅

(1)单击"CA 认证/后台/CA 认证管理",单击"安全证书管理",输入用户名和密码(admin),单击"确定",进入 CA 认证管理后台管理,如图 5-10 所示。

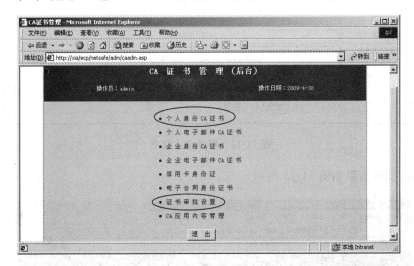

图 11-10　CA 证书管理(后台)

(2)分别选择个人身份 CA 证书、个人电子邮件 CA 证书、企业 CA 证书,对申请的证书进行查阅,如图 11-11 所示。

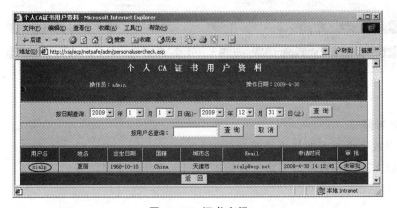

图 11-11　证书查阅

2. 数字证书申请的审批

单击未审批状态的"用户名"进入如图 11-12 所示页面，查看个人信息，对符合条件的申请，单击"审批"按钮，通过审批发放证书，对不符合条件的申请者，单击"删除"按钮。

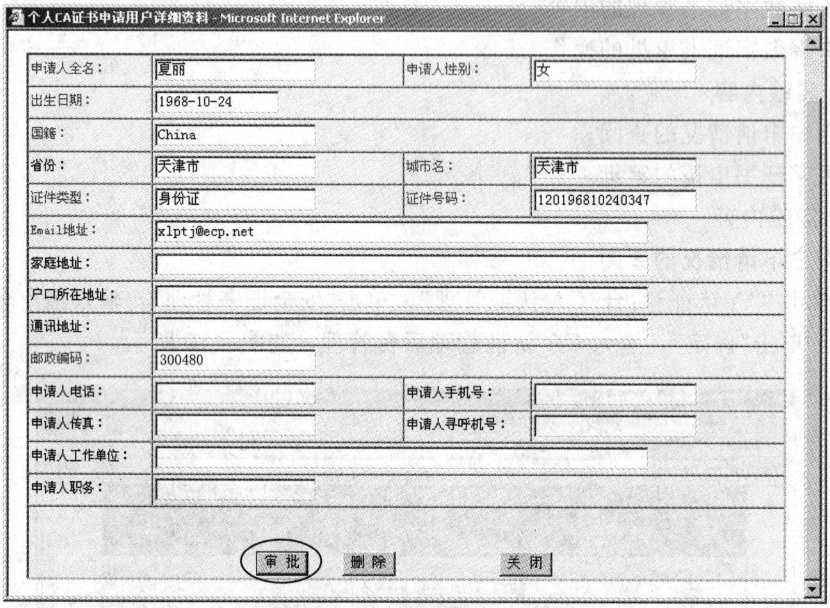

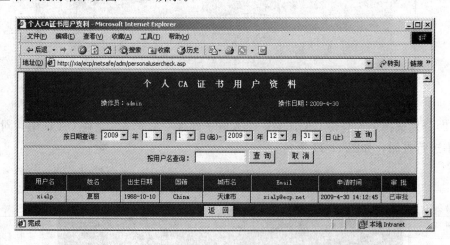

图 11-12　审批个人证书

证书审批的结果如图 11-13 所示。

图 11-13　证书审批

四、思考题

1. 用户数字证书审批与否的根据是什么？

2. 比较上述几种数字证书审批流程的异同点并分析原因。

第 12 章　网络营销

网络营销提供了多种营销工具，系统中企业和个人可利用多种营销工具开展商业营销活动，创造商机。该模块主要功能有：搜索引擎、供求商机信息发布、在线调查、网站监控、网站访问流量统计等功能。

▶ 实验　网络营销(前台)

一、实验目的

了解目前网络上流行的营销模式，熟练使用各种营销工具，与企业网站结合，最大程度宣传企业，树立企业形象。

二、实验内容

1. 搜索引擎；

2. 电子邮件；

3. 新闻组；

4. 广告发布；

5. 在线调查；

6. 网上信息发布。

三、实验指导

1. 搜索引擎

单击"电子商务师实验首页/网络营销"，进入网络营销首页。如图 12-1 所示，单击导航栏上"搜索"，进入搜索页面。

图 12-1　网络营销首页

搜索分为"网站""新闻""商品""广告""文件"搜索。个人网站发布到搜索引擎后，可以通过搜索"网站"查询到。广告与文件发布之后，可以通过搜索"广告"和"文件"查询到。输入关键词进行搜索，如图 12-2 所示。

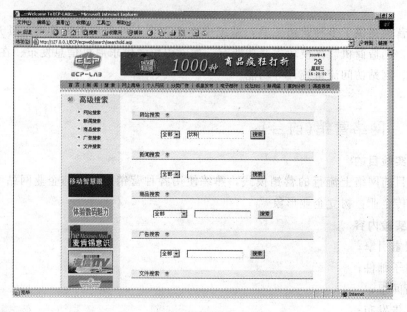

图 12-2 搜索页面

2. E-mail

网络营销首页，单击"电子邮件"。必须先注册电子邮件帐号，然后设置电子邮件帐号，最后使用电子邮箱收发电子邮件。

3. 新闻组

(1)注册用户帐号：申请新闻组帐号前，必须拥有电子邮件地址。网络营销首页，单击"新闻组"进入新闻组页面，单击"注册账号"输入注册信息，单击"提交"，如图 12-3 所示。

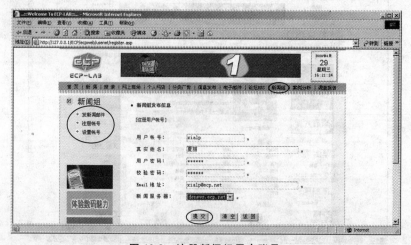

图 12-3 注册新闻组用户账号

(2)设置账号：单击"设置帐号"进入设置账号页面，分四步设置，步骤一，设置显示名，如图 12-4 所示。单击"下一步"，进行步骤二到步骤四的设置。

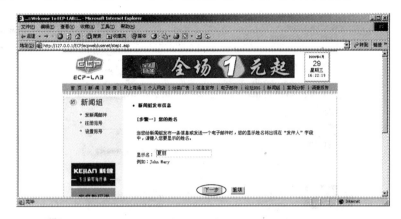

图 12-4　设置新闻组用户账号

(3)新闻组登录：单击"发新闻邮件"，输入帐号、密码，单击"登录"，如图 6-5 所示。进入"新闻组发布消息"页面，如图 12-6 所示。

图 12-5　新闻组登录

图 12-6　新闻组发布信息

（4）新闻组发布消息：在"新闻组发布消息"页面，输入主题和内容，单击"发送"。

（5）新闻组邮件列表：在这个组里的用户都能看到这封邮件，如图 12-7 所示。

图 12-7　新闻组邮件列表

4. 广告发布

（1）旗帜广告：单击"网络营销主页/分类广告"，进入分类广告页面，广告分为文字广告和旗帜广告，如图 12-8 所示，单击"旗帜广告"系统显示旗帜广告的收费标准，单击"我要发布"。

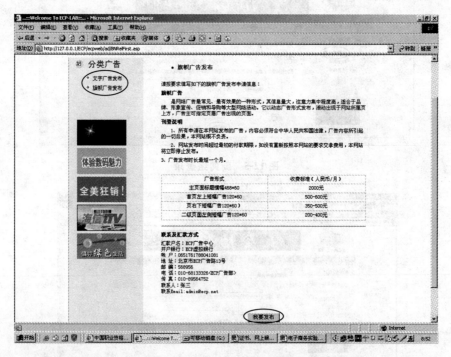

图 12-8　旗帜广告的收费标准

选择旗帜广告的位置，单击"下一步"，如图 12-9 所示。

上传广告图片：单击"浏览"选取一幅图片，单击"上传图片"，如图 12-10 所示。

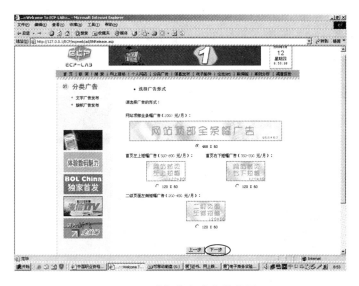

图 12-9　选择旗帜广告的位置

图 12-10　上传广告图片

填写用户联系信息，单击"提交"，如图 12-11 所示，发布成功，正等候管理员审核。

图 12-11　用户联系信息

（2）文字广告：单击"文字广告发布"，进入"文字广告发布"页面，输入广告信息，单击"提交"，如图 12-12 所示。发布成功，正等候管理员审核。

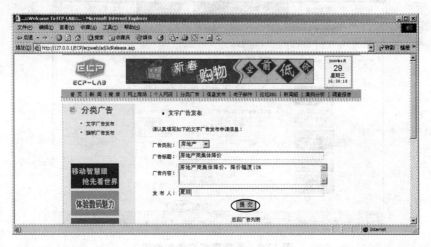

图 12-12　文字广告发布

5. 在线调查

在线调查是将问卷在网上发布，等待访问者填写问卷，被调查对象通过 Internet 完成问卷调查。单击"网络营销首页/在线调查"，填写问卷，单击"投票"，如图 12-13 所示。

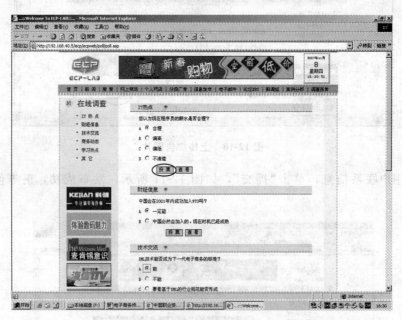

图 12-13　填写问卷

在图 12-13 中单击"查看"，显示问卷调查的统计结果，如图 12-14 所示。

6. 网上信息发布

信息发布分为链接发布和文件发布。

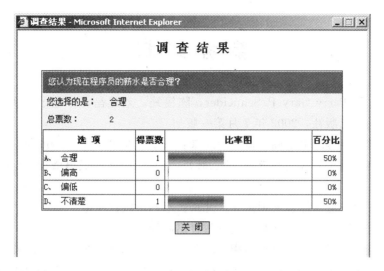

图 12-14　问卷调查统计结果

（1）链接发布：单击"网络营销首页/信息发布"，单击"链接发布"，填写相关信息，单击"提交"，如图 12-15 所示。

图 12-15　网上信息链接发布

（2）文件发布：单击"文件发布"，填写相关信息，单击"上传"，如图 12-16 所示。

图 12-16　文件发布

参 考 文 献

1. ［美］Janes T. Perry Gary P. Schneider，陈锡筠，刘建昌译. 电子商务新视野. 北京：清华大学出版社，2002 年 7 月第一版

2. 苏丹，陈萱. 主编. 电子商务概论. 北京：电子工业出版社，2006 年 8 月

3. 杨坚争主编. 电子商务实验教程(第二版). 北京：中国人民出版社，2006 年 9 月第 2 版

4. 石焱. 电子商务应用综合实训指导. 北京：水利出版社水电

5. 宋文官. 电子商务实训. 北京：高等教育出版社

6. 金志芳主编. 电子商务综合实训指导. 北京：化学工业出版社，2007 年 4 月

7. http://yahuang888. blog. 163. com/blog/static/12414892007013104130760/

8. http://www. baidu. com，百度网

9. http://www. google. cn，谷歌网

10. http://bizinfo. jinti. com，今题生活商务服务网

11. http://www. renya. cn，商务时空网络营销专家网

12. http://cn. china. cn

13. http://www. dangdang. com

14. http://www. taobao. com